Liebeszauber

LIEBES

ZAUBER

Über 50 beschwörende Rituale und verführende Rezepturen

Francis Melville

Der Text dieses Buches entspricht den Regeln der neuen deutschen Rechtschreibung.

ISBN 3 8094 1119 1

Originaltitel: Love Potions & charms. Over 50 ways to seduce, bewitch, and cherish your lover.

Fotos: Will White
Illustrationen: Elsa Godfrey
Übersetzung: Berliner Buchwerkstatt, Michael Fröhling
Redaktion: Berliner Buchwerkstatt, Vera Olbricht
Gestaltung: Berliner Buchwerkstatt, Ulrike Sindlinger

817 2635 4453 6271

04 03 02

Inhalt

Einleitung

Das Verlangen nach Liebe ist die Grundlage menschlichen Strebens. Für Dichter und Künstler ist die leidenschaftliche Vereinigung von zwei Liebenden schon immer das höchste Ziel der irdischen Existenz gewesen, der Stoff, aus dem Mythen und Legenden entstehen, die größte Gabe der Götter oder eher der Göttinnen, denn die oberste Gottheit der Liebe ist eine SIE.

Die Göttin der Liebe

Die Griechen nannten sie Aphrodite und die Römer kannten sie als Venus. Sie ist die Göttin für alle Varianten der Liebe, von der rein körperlichen bis zur höchst platonischen. Sie feiert die Lust am Liebesleben und lehrt die Regeln der Liebeskunst als einen heiligen Akt, der aus der liebevollen Vereinigung der männlichen und weiblichen Energien entsteht.

Sich mit der Göttin verbinden

Die körperliche Liebe als höchstes Gut des Lebens ist hier unser Thema. Um in der Liebe die Höhepunkte zu erreichen, müssen unser Körper, unser Herz und unsere Seele in guter Verfassung sein. Wenn wir nicht in Form sind oder es uns an Verlangen fehlt, müssen wir nach entsprechenden Hilfsmitteln suchen. Diese nennen wir nach dem Namen der Göttin selbst: Aphrodisiaka. Es handelt sich dabei um besondere Nahrungsmittel, Pflanzen und Tränke, die uns wieder mit der Göttin verbinden. Das wichtigste Aphrodisiakum ist wohl das Wasser, denn Aphrodite entstieg dem Meer. Ihr Name bedeutet „die Schaumgeborene" und Homer pries sie mit den folgenden Worten:

Hier entwand sich dem Schaum die erhabenste, reizendste Göttin.
Duftende Kräuter entsprossen unter den flüchtigen Füßen
Dieser dem Schaum entschlüpften Bekränzten.
Götter und Menschen nannten sie Aphrodite,
Die vom Schaum genährte.

Der Ursprung des Lebens

Wasser ist der Ursprung aller Dinge, der vitale Fluss des Lebens. Ausreichend Wasser zu trinken ist die erste Regel für eine gute Gesundheit, gefolgt von ausgewogener Ernährung. Die einfachsten Aphrodisiaka sind die Nahrungsmittel, die Venus bzw. Aphrodite geweiht sind: die Meeresfrüchte und die köstlichsten Gemüse und Früchte des Landes. Der tägliche Genuss dieser Speisen ist der Schlüssel, um für die Liebe in Form zu bleiben.

Magische Kräuter

Zur Feinabstimmung unserer physischen Leistungsfähigkeit können wir uns jener „duftenden Kräuter" bedienen, von denen Homer vermutet, dass sie zusammen mit der Göttin geboren wurden. Der Gebrauch dieser Kräuter wird schon in den allerältesten Schriften erwähnt. Das heilige Soma wird in den altindischen Weden mit dem folgenden Hymnus gefeiert:

Wir haben das Soma getrunken
Wir wurden unsterblich
Wir gelangten zum Licht
Wir fanden die Götter.
Rig-Veda

Wir wissen, dass es sich bei Soma um eine Pflanzenart handelt und aus überlieferten Quellen kennen wir die Rezepturen der Tränke, die zu ekstatischer Vereinigung mit den Göttern führten. Leider wissen wir aber nicht mehr, um welche Pflanze es sich dabei handelt. Möglicherweise existiert die Pflanze nicht mehr. Einige Aphrodisiaka waren sogar so begehrt, dass sie ausgerottet wurden, wie das Satyrion, ein Aphrodisiakum, auf das sich die antiken

griechischen und römischen Dichter beziehen. In seinem Werk *Satyrion* schrieb Petronius:

> *Wir sahen in den Zimmern Personen beiderlei Geschlechts,*
> *die sich in einer Art und Weise aufführten,*
> *dass sie alle wohl Satyrion getrunken haben mussten.*

Gesundheitsfördernde Kräuter

Aphrodisiaka wirken auf verschiedene Art und Weise. Einige wirken auf unsere Stoffwechselprozesse ein. Einige sind Tonika. Andere haben Auswirkungen auf das Fortpflanzungssystem, steigern die Fruchtbarkeit und fördern das gesunde Funktionieren der Geschlechtsorgane. Einige wirken auch subtil auf unsere Sinne, erfreuen und entzücken uns mit ihren Düften oder kitzeln unsere Geschmacksknospen. Am meisten werden die besonderen Aphrodisiaka gepriesen, die eine direkte Wirkung auf die Libido entfalten, intensives Verlangen hervorrufen und unser Liebesleben zu aktivieren vermögen.

Eine Entdeckungsreise

Wenn man ein Interesse für Aphrodiasika entwickelt, kann sich daraus eine faszinierende Entdeckungsreise ergeben, die in das intimste Innere unseres Wesens führt. Es ist der Weg zum wahren Herzen unserer Begierden. Letzlich ist nur entscheidend, welche Pflanzen und Aphrodisiaka uns und unserem Verlangen am wohlsten tun.

Offenbarungen und Wiederentdeckungen

Wenn Sie dieses Buch lesen, werden Sie erstaunt sein zu entdecken, wie viele der Blumen, Gewürze, ätherischen Öle, Nahrungsmittel und Kräuter, die Sie besonders schätzen, schon lange wegen ihrer Qualitäten als Aphrodisiaka gepriesen werden. Indem Sie lernen, wie Sie diese Gaben der Natur nutzen können, um Ihre Sinne zu verwöhnen, werden Ihre kreativen Instinkte erwachen und Ihnen dazu verhelfen, sinnliche und spirituelle Erfüllung zu finden. Denken Sie aber immer daran: das beste Aphrodisiakum sind Sie selber: Ihre Fantasie, Ihre Aufgeschlossenheit, Ihre Fähigkeit zu lieben. Sie selber sind es, die diese Liebestränke und Liebeszauber wirksam werden lassen.

Ein guter Rat

Mit den Worten des großen Arztes und Alchemisten Paracelsus gesagt: „Alles ist Gift. Nichts ist giftig." Fast alles kann uns schaden, wenn wir zu viel davon nehmen. Einige der in diesem Buch vorkommenden Substanzen können gesundheitsschädlich sein, wenn man sie im Übermaß oder über einen längeren Zeitraum zu sich nimmt. Manche darf man auch nicht mit Alkohol oder Medikamenten, seien sie auch ärztlich verordnet, kombinieren. Wo Vorsicht geboten ist, wird im Text auf die Indikationen hingewiesen. Überlegen Sie selbst und fragen Sie Ihren Arzt, wenn Sie Bedenken haben.

Wenn Sie die Rezepturen aus diesem Buch zubereiten, denken Sie immer daran, die Utensilien und Ihre Hände mit frischem Wasser zu waschen. Wenn es sich um Ihnen unbekannte Zutaten handelt, schlagen Sie im Glossar (s. Seite 122 ff.) nach.

Kapitel eins

TEMPEL DER

LIEBE

Um lieben zu können, müssen
wir das Geschenk des Lebens annehmen,
um uns in unserer Haut wohl zu fühlen.
Nur so können wir entscheiden, wem wir
unsere Zuneigung schenken. Die
folgenden Liebeszauber und Rituale
helfen Ihnen, sich auf den geliebten
Menschen einzustellen.

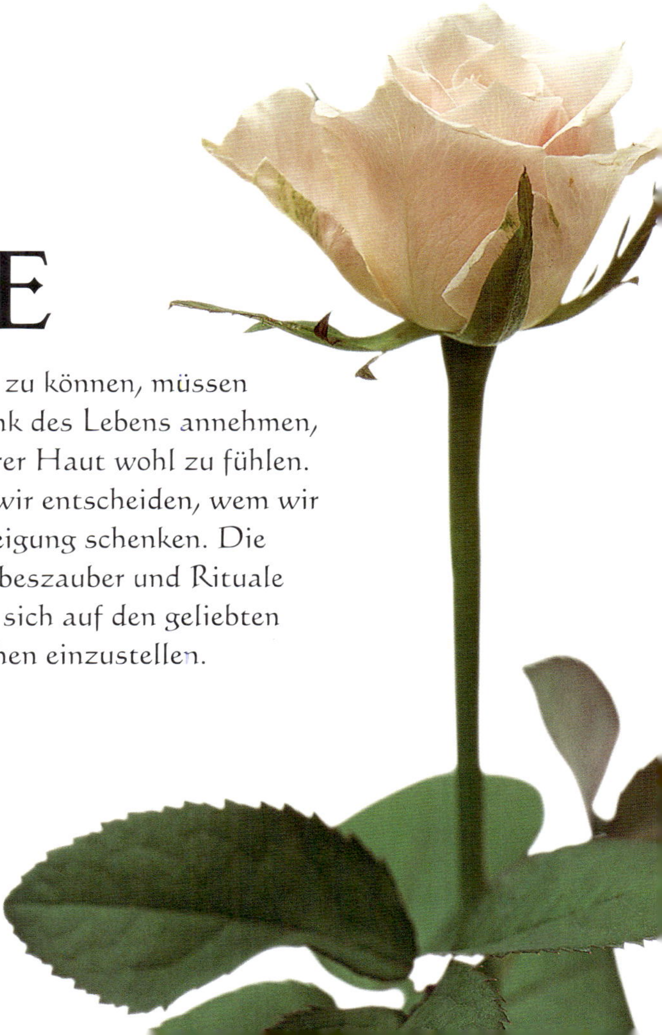

Liebestrank zur Verführung des Herzens

Viola-Tricolor-Zauber

Der, den Sie begehren, wird der Ihre, wenn Sie damit seine Augenlider beträufeln

Man nehme

blühende wilde Stiefmütterchen

Traubenkern- oder Sonnenblumenöl

Mörser und Stößel

Einmachglas

sterilisierte Flasce

Viola tricolor, das wilde Stiefmütterchen, wurde schon immer mit der Liebe assoziiert. Der Legende zufolge war die Blume ursprünglich weiß. Als sie von Amors Pfeil getroffen wurde, verfärbte sich die Wunde purpurfarben und daher kommt auch der Name „flammendes Herz". Der Gebrauch der Viola tricolor als Liebeszauber wird von William Shakespeare in Ein Sommernachtstraum besungen, wenn Oberon, der Feenkönig, entscheidet, er benötige diese Kraft:

Doch merkt' ich, wo im Westen Amors Pfeil fiel:
Auf eine kleine Blume, die zuvor
Milchweiß war, doch nun liebeswund, verfärbt.
Und weil so stiefmütterlich Los sie traf,
Nennen die Mädchen sie Stiefmütterchen.
Die hol mir her! Ich zeigte sie dir einst.
Ihr Saft auf eines Schläfers Augenlidern
Erweckt in Mann wie Weib die tollste Liebe
Zum ersten Wesen, das sie nachher sehn.

Um diesen Liebeszauber anzuwenden, bedarf es sorgfältiger Vorbereitungen. Hier ein Rezept, um dieses Mittel immer zur Hand zu haben.

Rezeptur

Pflücken Sie an einem sonnigen Tag einige Viola tricolor. Zerstoßen Sie sie in einem Mörser und fügen Sie das Traubenkern- oder Sonnenblumenöl hinzu. Füllen Sie das Ganze in ein Einmachglas. Lassen Sie das Glas 2 Wochen an einem warmen Ort stehen und füllen die Mixtur dann in eine sterile Flasche um. Der Trank ist 1 Jahr haltbar.

Träumen Sie von Ihrer großen Liebe

Der Lorbeer-Traum

Um von dem ersehnten Geliebten zu träumen

Man nehme

Lorbeerblätter

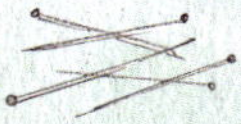

Stecknadeln

Die Kunst der Hellseherei – der Versuch die Zukunft vorauszusehen – erfreute sich zu allen Zeiten in allen Kulturen großem Interesse. Völker wie die Kelten und die Ureinwohner Amerikas glaubten, die Natur sei ihr persönlicher Ratgeber. Mit dem rituellen Gebrauch bestimmter Kräuter oder Steine glaubten sie sich in die Naturgeister versetzen und sich so von ihnen durch Träume und Visionen anleiten lassen zu können. Eine Pflanze, die seit Jahrtausenden in Europa dafür verwendet wird, ist der Lorbeer, der uns vom Lorbeerblatt, das wir zum Kochen benutzen, nur allzu bekannt ist. Das Lorbeerblatt hat sowohl eine stimulierende als auch eine narkotisierende Wirkung und wurde früher zur Behandlung der Hysterie eingesetzt. Lorbeerblätter werden noch immer verwendet, um von dem Menschen zu träumen, in den man sich verlieben will. Hier ein traditionelles Ritual zum Valentinstag, um träumerische Visionen vom wahren Objekt der Begierde zu inspirieren.

Rezeptur

Fertigen Sie einen Sud aus Lorbeerblättern und bereiten Sie daraus am Abend ein warmes Bad. Entspannen Sie sich darin 10 Minuten und wenden Sie sich Ihrem Herzen und Ihrer Liebe zu. Befestigen Sie an den vier Ecken Ihres Kopfkissens je ein Lorbeerblatt und legen Sie das fünfte darunter. Legen Sie sich in Ihr frisch bezogenes Bett und wiederholen Sie vor dem Einschlafen den folgenden Reim:

Lieber Valentin, sei gut zu mir
Und zeige mir im Traum die wahre Liebe hier.

Eisenkraut-Feuer-Trank

Rufen Sie die Elemente zur Hilfe, um die Leidenschaft des Geliebten zu entfachen

Man nehme

getrocknetes Eisenkraut

braunes Papier

Federhalter

Feuer

Geschriebene Zaubersprüche und Wünsche zu verbrennen ist eine weit verbreitete Praxis. Das Verbrennen einer solchen Beschwörung besiegelt ihre Bedeutung, indem der Wunsch mit dem Rauch in die spirituellen Sphären aufsteigt. Um in Liebesdingen einen kraftvollen Wunsch auf den Weg zu bringen, nehmen Sie zuerst ein Eisenkraut-Bad (s. Seite 18). Während Sie sich im warmen Wasser entspannen, erwägen Sie sorgfältig Ihren Wunsch.

Rezeptur

Nehmen Sie einen Federhalter (er repräsentiert das Element Wasser) und schreiben Sie auf braunes Papier (dies steht für das Element Erde) Ihr Anliegen (das repräsentiert das Element Luft) und sprechen Sie, während Sie schreiben, die Worte mit. Nehmen Sie nun einen getrockneten Lorbeerzweig und wickeln Sie diesen in das Blatt Papier. Der Lorbeer dient der Venus, seiner Gebieterin, als Medium. Entzünden Sie ein Feuer, wenden sich nach Osten und sprechen „Ein Hoch dem Osten und den Geistern der Lüfte". Rezitieren Sie Ihr Anliegen und sprechen Sie dann: „So sei es". Nun wenden Sie sich nach Süden, sagen „Ein Hoch dem Süden und den Geistern des Feuers" und wiederholen die Prozedur. Danach wenden Sie sich nach Westen und sprechen „Ein Hoch dem Westen und den Geistern des Wassers" und wiederholen den Vorgang erneut. Abschließend wenden Sie sich nach Norden und sagen „Ein Hoch dem Norden und den Geistern des Erde" und wiederholen die Prozedur ein letztes Mal. Übergeben Sie Ihren Wunsch, während Sie diesen schweigend wiederholen, dem Feuer. Beobachten Sie, wie die Flammen den Wunsch verschlingen und danken Sie den vier Himmelsrichtungen und den vier Elementen für ihre Hilfe.

Süßer-Traum-Bad

Stimmen Sie Körper und Seele auf Liebesträume ein

Man nehme

getrocknetes Eisenkraut

Baumwollsäckchen

Ein ausgiebiges warmes Bad ist der perfekte Weg, abzuschalten, den Geist zu entspannen und den Körper zu reinigen. Ein traditioneller Badezusatz ist das Eisenkraut, eine liebliche, bescheidene Wildblume. Im Zeichen der Venus stehend galt Eisenkraut auch als ein Aphrodisiakum und wurde als Liebeszauber verwendet. Die Magier glaubten, es könne ihre Zauberkräfte verstärken und die Landbevölkerung nutzte es für angenehme Träume. Medizinisch gesehen heilt Eisenkraut Schlaflosigkeit und beruhigt die Nerven, indem es sowohl das Gemüt als auch den Körper entspannt. Alle diese Eigenschaften ergeben zusammen einen spezifischen Trank, der Ihnen dazu verhelfen kann, von der wahren Liebe zu träumen. Das folgende Ritual vollziehen Sie am besten an einem Freitag, dem Tag der Venus.

Rezeptur

Nehmen Sie eine Handvoll getrocknetes Eisenkraut und füllen Sie es in ein Baumwollsäckchen. Hängen Sie dieses so an den Heißwasserhahn Ihrer Badewanne, dass es vom Wasser durchflossen wird. Lassen Sie ein Vollbad ein, lehnen Sie sich zurück und entspannen Sie sich. Beginnen Sie mit den Zehen und entspannen Sie bewusst jeden Teil Ihres Körpers. Machen Sie Ihren Kopf frei und lassen Sie das Eisenkraut Ihren ganzen Körper durchdringen. Reinigen Sie sich sanft und seien Sie darauf gefasst, eine Vision als Gabe der Venus, der Göttin der Liebe, zu empfangen. Trocknen Sie sich langsam und sorgfältig ab, schlüpfen Sie in Ihr Lieblingsnachthemd und legen Sie sich in ein warmes Bett. Lassen Sie sich viel Zeit mit dem Einschlafen und bedenken Sie dabei Ihre Wünsche. Wer weiß, was Ihnen dann enthüllt werden wird.

Das romantische Symbol

Auf Rosen gebettet

Ein Ritual, die wahre Liebe zu finden

Man nehme

1 rote Rose

1 weiße Rose

1 goldenen Ring

1 silbernen Ring

1 kupfernen Ring

Die Rose ist das Symbol der Liebe und ihre verschiedenen Farben verweisen auf die verschiedenen Nuancen der Gefühle: weiß für die jungfräuliche oder platonische Liebe und rot für die leidenschaftliche, verlangende Liebe. Die Rose wird auch mit Sinnlichkeit und Verführung assoziiert. Als das Zeichen von Venus und Aphrodite steht sie für Liebe, Leben, Schöpfung, Fruchtbarkeit und Schönheit. In Rom krönte man die Neuvermählten ebenso wie die Statuen von Venus, Cupido und Bacchus mit Girlanden aus Rosen. Zusammen symbolisieren die weiße und die rote Rose die Vereinigung der Gegensätze. In der Alchemie stehen sie für die Vermählung von Wasser und Feuer, die Verschmelzung des männlichen und des weiblichen Prinzips. Hier ein Ritual, um mit den Mitteln der Magie die Vereinigung von einem Mann mit einer Frau zu erzwingen.

Rezeptur

Nehmen Sie eine rote und eine weiße Rose, deren Knospen sich zu öffnen beginnen. Halten Sie die Stängel zusammen und streifen Sie einen goldenen Ring darüber (Gold ist das Metall der Sonne, das männliche Prinzip). Danach streifen Sie einen silbernen Ring darüber (Silber ist das Metall des Mondes, das weibliche Prinzip) und dann einen kupfernen Ring (Kupfer ist das Metall der Venus – sowohl des Planeten als auch der Göttin – und wird die Vereinigung des Paares unterstützen). Nun legen Sie die „vermählten" Rosen auf das Kopfkissen eines frisch bezogenen Bettes. Beten Sie darum oder wünschen Sie sich, das durch die Rosen repräsentierte Paar möge zusammenkommen. Sind die Rosen am nächsten Morgen noch frisch und blühen, können Sie das als gutes Zeichen nehmen.

Um von Ihrem Geliebten zu träumen

Der Schafgarben-Traum

Ein Zauber, um Ihnen zur Vision des Traumpartners zu verhelfen

Man nehme

blühende Schafgarbe

1 Tuch

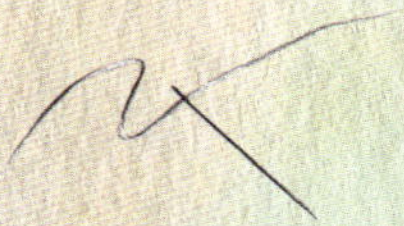

Nadel und Faden

Die Schafgarbe wird seit alters her von vielen Kulturen verwendet. Die Chinesen werfen, früher wie heute, Schafgarbenstängel, um „Rätsel zu enthüllen" wenn Sie das *I Ging*, ihr Buch der Weissagungen, befragen. Dass die angelsächsische Kultur Englands dieses Kraut in derselben Weise benutzt, ist eines der faszinierenden Mysterien von Mensch und Natur. Das liegt ganz offensichtlich daran, dass dieses Kraut tatsächlich über magische Kräfte verfügt. In manchen Teilen Englands reizen junge Frauen ihr Naseninneres mit einem gefiederten Schafgarbenstängel, um die Nase zum Bluten zu bringen und sprechen dabei diesen Reim:

Schafgarbe, Schafgarbe trägst eine weiße Blüte
Wenn meine wahre Liebe mich liebt, wird meine Nase bluten

Hier ein Rezept, um seinen Traumpartner zu finden.

Rezeptur

Pflücken Sie an einem Freitagmorgen, wenn der Tau abgetrocknet ist, eine Handvoll blühende Schafgarbe und nähen Sie diese in einen Beutel ein. Legen Sie diesen unter Ihr Kopfkissen und sprechen Sie vor dem Einschlafen die folgenden Worte

Du schönes Kraut vom Baum der Venus, dessen wahrer Name Schafgarbe lautet;
Verrate mit bitte am Morgen, wer denn mein Busenfreund sein wird.

Wenn Sie erwachen, werden Sie wissen, wer der Auserwählte ist.

Ein magischer Frauentrank

Frauenmantel und Frauenschuh

Ein Balsam zur Linderung weiblicher Beschwerden

Man nehme

60 g Frauenmantel

1/2 l Weinbrand

60 g Frauenschuh

Mörser und Stößel
Einmachglas
Glasflasche

Viele Pflanzen sind nach der Jungfrau Maria benannt, von denen die meisten das Präfix „Frauen-" tragen. Eine dieser Pflanzen ist der Frauenmantel, der im Zeichen der Venus, der Göttin der Liebe, steht. Diese hübsche Pflanze erhielt ihren Namen nach der Form ihrer Blätter, die an den Faltenwurf des Mantels der Gottesmutter erinnern, wie er auf Gemälden der Renaissance abgebildet ist. Der Frauenmantel ist ein hervorragendes Kraut gegen Frauenbeschwerden. Es dient zur Stärkung des Fortpflanzungssystems, lindert die Beschwerden in der Periode und hilft bei den Veränderungen in der Menopause. Es wirkt gut in der Verbindung mit Frauenschuh, der zum Abbau von Ängsten verwendet wird. Frauenschuh steht im Zeichen des Sirius, dem Stern, der eng mit Isis, der ägyptischen Mutter der Götter, verbunden ist.
Die Kombination aus diesen beiden Pflanzen lindert und besänftigt weibliche Beschwerden.

Rezeptur

Pflücken Sie an einem sonnigen Freitagmorgen, wenn die Pflanzen gerade zu blühen beginnen, etwas Frauenmantel und Frauenschuh. Trocknen Sie beide an einem schattigen Ort. Am darauf folgenden Freitag zerstoßen Sie die Pflanzen zu Pulver. Schütten Sie das Pulver in ein Glas, vermischen Sie es und bedecken Sie das Ganze mit Weinbrand oder Wodka. Verschließen Sie das Gefäß und lassen Sie es 2 Wochen an einem dunklen und warmen Platz stehen. Füllen Sie den Trank in eine Glasflasche. Nehmen Sie zur Linderung der Periodenschmerzen, der Symptome der Menopause oder zur Nervenberuhigung dreimal täglich einen Teelöffel (5 ml).

Eine Lotion für sensible Haut

Queen's Delight

Eine wundervoll heilende Lotion für einen frischen, schönen Teint

Man nehme

30 g frische Euphorbiaceae

1 Tasse (250 ml) Wasser

15 g Kakaobutter

3 EL (45 ml) Weizenkeimöl

2 EL (30 ml) Nachtkerzenöl

2 TL (10 ml) Bienenwachs

1 TL (5 ml) klaren Honig

ätherische Öle von Weihrauch und Myrrhe

Rosen-, Ylang-Ylang- oder Jasmin-Parfumöl

dunkle Glasflasche

Euphorbiaceaenpflanzen wachsen im Süden der USA und wurden von den ersten Europäern, die auf den neuen Kontinent landeten, nach Europa gebracht. Die Pflanze erhielt ihren Namen wegen ihrer wunderbaren Gabe, viele Hautprobleme zu kurieren. Das im 18. Jahrhundert so beliebte schwere Make-up auf der Basis von Blei verwüstete den Teint der Frauen und „Queen's Delight" erwies sich als ein unentbehrlicher Helfer zum Erhalt von Aussehen und Gesundheit. Man verwendet die Wurzel und geht im Allgemeinen davon aus, dass sie am besten wirkt, wenn sie frisch ist. Hier ein spezielles Rezept für eine pflegende und verjüngende Körperlotion

Rezeptur

Schneiden Sie die Euphorbiaceaenwurzel in kleine Stücke und lassen Sie diese 10 Minuten in Wasser köcheln. Seihen Sie den Sud ab und reduzieren Sie diesen. Abkühlen lassen. Geben Sie die Kakaobutter, das Weizenkeimöl und das Nachtkerzenöl in eine Schüssel. Gießen Sie frisches Wasser in einen Topf, erhitzen Sie es und lösen darin das Bienenwachs und den Honig auf. Ziehen Sie das Euphorbiaceaenwasser löffelweise unter. Fügen Sie je 5 Tropfen ätherisches Weihrauch- und Myrrheöl und jeweils 5 Tropfen von Rosen-, Ylang-Ylang- oder Jasmin-Parfumöl hinzu.
Das Ganze gut durchmischen und in einer dunklen Glasflasche verwahren. Das Mittel kann im Kühlschrank bis zu einem Monat aufbewahrt werden.

DER ÄUßERE TEMPEL

Säubern und reinigen Sie den äußeren Tempel für Ihre Liebe

Man nehme

echten Salbei, 15-cm-Stücke

roter Wollfaden

Der äußere Tempel Ihrer Liebe ist Ihr Zuhause. Ihr Heim ist Ihr geheiligter äußerer Raum und sollte so positiv und lebensfroh wie nur möglich sein. Die Energien müssen ungehindert fließen können und daher ist es notwendig, ihn vom Ballast vergangener Zeiten zu befreien. Gegenstände, die Sie nicht mehr benötigen oder schätzen, sollten Sie entfernen. Halten Sie jedoch die Dinge, die Sie lieben, in Ehren und seien Sie dankbar für Ihr komfortables Leben. Nun können Sie die Energien Ihres äußeren Tempels säubern und reinigen. Entzünden Sie an einem windigen Tag einen Räucherstab und lassen Sie seinen reinigenden Rauch jeden Winkel Ihres Heims füllen. Stellen Sie sich dabei vor, wie abgestandene Energien neutralisiert und böse Geister vertrieben werden. Sobald das ganze Haus ausgeräuchert ist, öffnen Sie alle Türen und Fenster und füllen so Ihr Heim mit der Luft neuer Versprechen. Atmen Sie die frische Luft ein und fühlen Sie den Wechsel der Energien. Hier die Anleitung, wie Sie Ihren eigenen Räucherstab herstellen können.

Rezeptur

Hängen Sie echten Salbei kurz vor der Blüte zum Trocknen an einen warmen Ort. Umwickeln Sie die getrockneten Kräuter vom Ende her mit einem roten Wollfaden bis etwa 5 cm vor die Spitze. Rot ist die Farbe des Südens und des Elementes des reinigenden Feuers. Um den Räucherstab zu nutzen, zünden Sie ihn an der Spitze an und blasen dann die Flamme aus. Der Stab glimmt und setzt seinen duftenden Rauch frei. Benutzen Sie ihn wie einen magischen Besen.

Lass mir die wahre Liebe erscheinen

Wahrer Liebesknoten

Ein Ritual, den künftigen Geliebten vorherzusagen

Man nehme

vierblättrige Einbeere

Taschentuch aus weißem Leinen

Streichhölzer oder Feuerzeug

Die vierblättrige Einbeere, die in Nordeuropa heimisch ist, ist eine ungewöhnliche Pflanze. Ihre Blätter scheinen die Form eines Liebesknotens zu haben und daher wird sie im Englischen landläufig „true love knot" (Liebesknoten) genannt. Ihre Samen und Beeren sind ein Narkotikum und haben eine dem Opium verwandte Wirkung. In großer Dosierung ist dieses Kraut giftig, in angemessener galt es in früheren Zeiten als Mittel gegen die Pest. Aufgrund dieser Giftigkeit ist es als Liebestrank nicht zu empfehlen; hier aber ein Ritual, in dem es als Liebeszauber zur Weissagung verwendet wird.

Rezeptur

Sitzen Sie von Mitternacht bis ein Uhr morgens entweder allein oder mit einer anderen Person schweigend im Zimmer. Reißen Sie sich während dieser Stunde für jedes Jahr Ihres Lebens ein Kopfhaar aus und legen Sie es auf ein weißes Taschentuch aus Leinen. Legen Sie einen Stängel vierblättrige Einbeere dazu. Sobald die Stunde vorüber ist, verbrennen Sie einzeln jedes der herausgerissenen Haare und rezitieren Sie dabei:

Ich bringe dieses mein Opfer dar,
Für ihn (oder sie), der mir so wertvoll ist,
Ich bringe dich dazu, mir zu erscheinen,
Auf dass ich dich in diesem Moment erkenne.

Nachdem Sie das letzte herausgerissene Haar verbrannt haben, wird Ihr zukünftiger Partner Ihnen erscheinen. Wenn eine andere Person bei Ihnen ist, wird diese Ihre Vision nicht sehen können.

Der Altar der Liebe

Ein sinnliches Geschenk Ihres Körpers, der Altar Ihrer Liebe

Man nehme

Olivenöl

ätherisches Öl von Weihrauch und Myrrhe

Unser Körper ist unser bester Freund und Verbündeter, beherbergt er doch unser Herz, unser Gemüt und unsere Seele. Unsere Vorfahren glaubten, wir seien ein Mikrokosmos, eine Widerspiegelung des Universums. Wir, so die darauf beruhende Überlegung, seien nach dem Ebenbild Gottes geschaffen: Alles Leben ist in uns. Mögen wir auch manchmal mit unserem Anblick im Spiegel unzufrieden sein, so sind wir doch der Mensch, der wir nunmal sind. Unsere Liebe beginnt mit unserer Freude, am Leben zu sein, und unserer dankbaren Wertschätzung unseres Daseins als sinnliches Wesen. Hier ein ebenso leichter wie effektiver Weg für Sie, die Aufmerksamkeit gegenüber Ihrem Körper, dem Altar Ihrer Liebe, wiederzubeleben.

Rezeptur

Etwas wirklich in Ehren zu halten, heißt es hoch zu schätzen, dankbar dafür zu sein und es voll und ganz anzunehmen. Wir können zu diesem Prozess der Wertschätzung beitragen, indem wir uns selber neu bewerten. Jeder unserer wunderbaren Sinne ist eine unglaubliche Gabe, so wie auch jeder Finger, jeder Zeh und jedes Körperglied. Mit etwas goldfarbenem Olivenöl, das mit ein wenig Weihrauch und Myrrhe parfümiert ist, können wir uns wieder als die salben, als die wir uns erwählt haben. Tragen Sie diese Lösung auf den gesamten Körper auf und akzeptieren und preisen Sie dabei jeden Teil Ihres Körpers.

Das Innere Heiligtum

Verlocken und verführen Sie den Geliebten in Ihrem sinnlichen inneren Heiligtum

Man nehme

ätherische Öle von Neroli, Rose pur, Jasmin pur, Sandelholz, Ylang-Ylang

Duftlampe

Ihr Schlafzimmer ist Ihre Liebeshöhle. Das ist der Ort, an dem Sie den geliebten Menschen empfangen und dazu einladen, mit Ihnen die intimsten Freuden zu teilen. Der ganze Raum sollte daher die Größe Ihrer Liebe und das Ausmaß Ihres Verlangens ausdrücken. Die Kunst der Verführung beinhaltet auch die ideale Kombination von Licht, Wärme und Duft, um so die gewünschten Gefühle hervorzurufen. Satte, dunkle Farben und weiche, schwere Stoffe schaffen eine erotische Atmosphäre. Frische Blumen können Schönheit und Leben hineinbringen. Der Raumschmuck kann greifbar, symbolisch, schlicht oder hintergründig sein. Nichts lädt uns mehr zur Liebe ein, als ein breites, bequemes, solides Bett mit schönen Decken und Bezügen. Wenn Sie nicht über ein komfortables Bett verfügen, sind auch ein mit Samt oder Seide bezogener Futon, eine Matratze oder weiche, gemütliche Polster geeignet. Denken Sie auch an den Boden: Ein weicher, luxuriöser Bodenbelag kann Ihre erotischen Möglichkeiten erweitern. Die Raumluft sollte frisch und dennoch leicht parfümiert sein. Für ein sanftes, sinnliches Raumklima ist die folgende erotische Mischung aus ätherischen Ölen geeignet.

Rezeptur

Mischen Sie 2 Tropfen Neroli, je 3 Tropfen Rose und Jasmin pur sowie Sandelholz mit 4 Tropfen Ylang-Ylang. Fügen Sie der Mischung ein wenig Wasser bei und gießen Sie diese auf eine Duftlampe. Die Düfte verschmelzen, breiten sich aus und erfüllen den ganzen Raum mit einem Hauch von Verführung.

Der größte Tempel

Sie liebt mich,

Der europäischen Überlieferung nach gibt es zahlreiche Pflanzen und Blumen, die als Helfer und Orakel in der Liebeskunst Verwendung finden. Wir alle kennen das „Küssen unter dem Mistelzweig", das ursprünglich jungen Männern die Möglichkeit bot, ihre Zuneigung zu einem Mädchen öffentlich auszudrücken. Bis heute sind die meisten Kinder mit dem Gänseblümchenspiel vertraut, bei dem sie die Blütenblätter eines nach dem anderen auszupfen und dabei sagen: „Sie liebt mich, sie liebt mich nicht."

Sie Liebt Mich Nicht

Die Blumen der Liebe

Zu den Blumen, die benutzt wurden, um die Gefühle eines geliebten Menschen zu weissagen, zählen Primeln, Johanniskraut, Glockenblumen und Mohn. Junge Mädchen trugen eine Primel am Busen in der Hoffnung, sie möge frisch bleiben. Verwelkte die Primel, war der Geliebte untreu. Die Glockenblume wurde in Liebesangelegenheiten ähnlich genutzt. Ein Mädchen, um das geworben wurde und das um die Gefühle des Freiers wissen wollte, sollte in der Mittsommernacht 2 Johanniskrautpflanzen sammeln und auf ein Holzbrett legen. Wenn sie blühten, schön und gut; wenn sie aber vergingen, stand Liebesleid ins Haus. Wenn Sie die Blüte einer Glockenblume, ohne sie zu zerstören, von innen nach außen zu stülpen vermögen, ist Ihr Geliebter treu. Das ist nur schwer zu bewerkstelligen! Wenn Sie Mohnblätter in der Hand zerreiben, können Sie hören, ob Sie geliebt werden. Ein knackendes Geräusch ist ein gutes Zeichen.

Ob man heiraten soll

Mädchen, die wissen wollten, ob sie eine gute Partie machen werden, pflückten am frühen Morgen der Mittsommernacht etwas Johanniskraut. War es am nächsten Morgen noch frisch, standen die Chancen für eine gute Heirat günstig. Rosmarin hat bei Heiratsriten einen besonderen Stellenwert. Es war Brauch, dass die Braut ihrem Bräutigam an der Kirche einen Bund Rosmarin überreichte. Rosmarin gehörte auch in den Brautstrauß und es war die Pflicht der Brautjungfern, einen Zweig davon im Garten des neuen Hauses der Braut einzupflanzen. Wuchs die Pflanze an, spendete sie das Rosmarin für die Hochzeit der zukünftigen Töchter.

Kapitel zwei

APHRODITES GEHEIM-NISSE

Exotische Kräuter und Pflanzen als Aphrodisiakum zu verwenden, ist seit Urzeiten in allen Kulturen üblich. Nahrungsmittel wie Austern und Feigen sind eine weitere Quelle für erotische Stimulanzien. Einige dieser Aphrodisiaka haben eine suggestive Gestalt, während andere kraftvolle Symbole sind. Andere wiederum beinhalten tatsächlich Wirkstoffe. Die Wirkung vieler Aphrodisiaka beruht auf Legenden, einige sind jedoch wissenschaftlich abgesichert. Alle Aphrodisiaka können uns aber dabei helfen, die Freuden der Liebe zu erforschen und uns auf sie zu konzentrieren.

FRUCHTSALAT

Ein köstlicher Salat voller leckerer, sinnlicher Früchte

Man nehme

Auswahl Ihrer Lieblingsfrüchte

1/2 Limone

Fruchtzucker

Ziegen- (oder Schafs-) Joghurt

dicken, klaren Honig

Pinienkerne

Reife, saftige Früchte haben schon, seit Eva Adam mit einem Apfel in Versuchung führte, einen sexuellen Beigeschmack. Viele andere Früchte besaßen schon immer einen Ruf als Aphrodisiakum oder wurden wie Pfirsiche, frische Feigen, Bananen, Kirschen und Mangos als erotische Symbole benutzt. Viele dieser Früchte enthalten etwas Phenyläthylamin, dem Lust bringenden Hormon, das während des Liebesakts ausgeschüttet wird. Neben ihrem wunderbaren Geschmack und Aussehen werden den Mangos auch aphrodisische Qualitäten zugeschrieben. Bananen sind offensichtlich phallisch und Feigen haben ihren eigenen sexuellen Beigeschmack. Auch Pfirsiche sind höchst suggestiv. Eine köstliche Frucht zu essen, während Sie das Objekt Ihrer Begierde betrachten, Kirschen von Mund zu Mund zu reichen oder Pfirsich und Mangoküsse zu tauschen, das ist der Zeitvertreib von Eros und Venus. Wohl die beste Art alle diese Köstlichkeiten miteinander zu kombinieren ist, einen Salat aus seinen Lieblingsfrüchten zuzubereiten. Hier ein Rezept, das all das enthält, was in dem arabischen Liebeshandbuch *Der Garten der Düfte* gepriesen wird: Honig, Pinienkerne und Joghurt.

Rezeptur

Schneiden Sie die frisch gewaschenen Früchte in Spalten oder Stücke. Geben Sie den Saft einer halben Limone hinzu und mischen Sie das Ganze in einer Schüssel. Besprenkeln Sie alles mit etwas Fruchtzucker und kühlen Sie es 2 Stunden im Kühlschrank. Der Fruchtzucker zieht den Saft aus den Früchten. Rühren Sie viel Joghurt darunter, tröpfeln etwas dicken, klaren Honig darüber und krönen das Ganze mit einer Handvoll Pinienkerne.

Die mexikanische
Liebespflanze

Damiana

Ein wirksamer Trank, um Frigidität zu heilen und den Geliebten zum Schmelzen zu bringen

Man nehme

1 EL (15 g) Damianablätter

1 EL (15 g) Zwergpalmenbeeren, in Pulverform

1 EL (15 g) grüner Hafer

1 EL (15 g) Honig

0,5 l Wasser

Damiana ist eine schön blühende, in Mexiko heimische Pflanze. Sie ist nach dem Heiligen Damian, dem Schutzpatron der Apotheker, benannt. Die Eingeborenen, darunter die Maya und Azteken, nutzen sie sowohl als Aphrodisiakum als auch als Mittel gegen Asthma. Aufgrund seiner Eigenschaft als Aphrodisiakum wurde Damiana berühmt. Ursprünglich wurde es zur Heilung der Frigidität von Frauen und Impotenz von Männern eingesetzt, da es als stimulierendes Tonikum auf die Fortpflanzungsorgane beider Geschlechter wirkt. Es fand darüber hinaus auch im tantrischen Sex Verwendung, den magischen Praktiken okkulter Gruppen, die sich vom späten 19. Jahrhundert an ausbreiteten. Die besten Ergebnisse erzielt man, wenn man Damiana in Maßen über mindestens 2 Monate einnimmt. Danach sollte man es nur während des zunehmenden Mondes zu sich nehmen. Nehmen Sie nie mehr als die unten angegebene Dosis ein, denn der exzessive Gebrauch kann zu Leberschäden führen. Damiana kann auf verschiedene Arten konsumiert werden: als Tabak, in Alkohol aufgelöst oder auch in Kapseln, mit grünem Hafer und Zwergpalmenbeeren vermischt. Man kann es auch als Tee trinken. Das folgende Rezept ist sowohl für Männer als auch für Frauen geeignet.

Rezeptur

Geben Sie die Damianablätter, die Zwergpalmenbeeren und den grünen Hafer in einen Topf. Gießen Sie Wasser und Honig hinzu und bringen Sie alles zum Kochen. Decken Sie den Topf ab und lassen Sie das Ganze 5 Minuten leicht köcheln. Teilen Sie es in 3 Portionen und nehmen Sie es morgens, mittags und abends zu sich.

Keuschlamm-Baum

Um Ihre Leidenschaft zu entfesseln und Ihre Liebe zu stimulieren

Man nehme

1 Teelöffel (5 g) reife Keuschlamm-Beeren

Honig (nach Belieben)

Der Keuschlamm-Baum, oder *Agnus castus*, ist ein aromatischer Strauch mit hübschen handförmigen Blättern und Ähren mit lilafarbenen Blüten. Die kleinen, an Pfefferkörner erinnernden Beeren stehen im Ruf, das sexuelle Verlangen sowohl zu stimulieren als auch zu reduzieren. Dem römischen Arzt Dioscorides zufolge bestreuten die gegen ihre Männer rebellierenden Frauen während des griechischen Festes Thesmorphia ihr Bett mit Keuschlammbeeren, um ihre Ehemänner zu entmutigen. Der Legende nach nahmen die Tempelpriesterinnen im klassischen Griechenland und in Rom diese Beeren, um ihr Verlangen zu zügeln. Neue Forschungen belegen jedoch, dass die Beeren bei Frauen tatsächlich die gegenteiligen Wirkung haben. In der Tat hat sich der Strauch in den südlichen Ländern Europas, wo er heimisch ist, seit langer Zeit einen Ruf als Aphrodisiakum für Frauen erworben. Es scheint so, als könne diese Pflanze hormonelles Ungleichgewicht ausgleichen und so die Libido auf dem optimalen Stand halten. Keuschlamm kann problemlos über einen langen Zeitraum benutzt werden, in zu hoher Dosierung kann es jedoch nervöse Störungen verursachen.

Rezeptur

Übergießen Sie einen Teelöffel Keuschlammbeeren mit kochendem Wasser und lassen Sie das Ganze 10 Minuten ziehen. Trinken Sie den Aufguss vor dem Frühstück, nach Belieben auch mit Honig, und zweimal im Laufe des Tages. Dieser Tee ist angenehm prickelnd und hat einen bittersüßen Geschmack.

Sarsaparilla

Ein wohlschmeckendes und erfrischendes Liebestonikum, das Ihnen hilft, das Herz des begehrten Partners zu erobern

Man nehme

30 g Sarsaparilla

30 g Sassafras

30 g Ginseng

3 l Wasser

225 g Honig oder Zucker

1–2 TL (5–10 ml) Brau- oder Backhefe

Flaschen

Flaschenkorken oder Kapseln

Die Indianer Amerikas haben über Jahrhunderte die Wurzeln des Sarsaparilla als Tonikum bei allgemeiner Schwäche, aber auch zur Steigerung der sexuellen Standfestigkeit verwendet. Sarsaparilla enthält sowohl wichtige Sexualhomone, darunter Testosteron und Progesteron, als auch andere Stoffe, welche die Aktivitäten solcher Hormone unterstützen. Es gibt sehr viele Sorten der Sarsaparilla. Die mit den tief rot-orangefarbenen Wurzeln sollen am wirksamsten sein. Sarsaparilla nimmt man am besten als Bier, das aus den Wurzeln, Sassafras und Ginseng gebraut wird, zu sich. Sassafras gilt bei den Eingeborenen Nordamerikas als ein heiliger Medizinbaum und wird insbesondere als Baum der Liebe verehrt. Hier unterstützt es die Wirkung von Sarsaparilla und bringt den guten Geschmack, während der Ginseng die tonische Wirkung verstärkt.

Rezeptur

Kochen Sie Sarsaparilla, Sassafras und Ginseng 20 Minuten in Wasser. Seihen Sie das Ganze ab, fügen Sie Honig oder Zucker hinzu und lassen Sie es abkühlen. Dann die Brau- oder Backhefe hinzugeben, alles zudecken und an einem warmen Ort ruhen lassen. Nach einigen Stunden beginnt eine feine Blasenbildung, die den Beginn der Fermentierung anzeigt. In Flaschen abgießen und sorgfältig verkorken oder verkapseln. An einem kühlen Ort oder im Kühlschrank aufbewahren.

LIEBESSALAT

Eine Auswahl von wollüstigen Gemüsen mit erotisierender Kraft

MAN NEHME

Auswahl an Salaten

Gemüse

Vinaigrette

frisches Basilikum

Knoblauchbrot

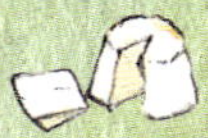

Ziegenkäse

geröstete Pinienkerne

Selleriestangen

Liebende empfinden das gemeinsame Mahl in der Regel als ein erotisches Unterfangen: Kein Wunder, denn zu einer romantischen Verabredung gehört ein gutes Essen als ein Vorspiel für weitere Vergnügungen. Selbstverständlich enthalten alle Gemüse viele Mineralien und Vitamine. Dies sind die beständigen Quellen der natürlichen Energien, die unsere Möglichkeiten flugs zu steigern vermögen. Darüber hinaus haben viele Gemüse wegen ihre suggestiven Gestalt oder ihrer Inhaltsstoffe auch einen guten Ruf als Verstärker der Libido. Insbesondere der Fenchel wird seit Urzeiten gerne als erotisches Stimulanzium benutzt und das nicht nur wegen seiner knolligen Gestalt. Avocados, Artischocken, Gartenlattich, Endivien, Porree, Tomaten, Zwiebeln und Knoblauch haben seit langem eine unumstrittene Reputation als Liebes-Nahrungsmittel und jüngste Studien haben ergeben, dass Sellerie die Freisetzung von Sexualhormonen begünstigt. Alle Bohnensorten stehen in einem libidinösen Ruf, so auch Pilze – ganz besonders die Trüffel. Am besten munden die meisten dieser Nahrungsmittel roh in einem Salat

REZEPTUR

Bereiten Sie eine Auswahl Ihrer Lieblingssalate und -gemüse vor und füllen Sie diese in eine Schüssel mit einer Vinaigrette. Fügen Sie einige oder alle der nachstehenden Liebeszutaten hinzu: frisches Basilikum, Ziegenkäse, gewürfelt oder zerbröselt, und geröstete Pinienkerne. Servieren Sie dazu Knoblauchbrot und Selleriestangen. Denken Sie daran mit denen, die mit Ihnen das Mahl teilen, über die Eigenschaften der Zutaten zu sprechen.

Ein geheimer libidinöser Trunk

Yin Yang Huo

Ein uraltes chinesisches Kraut mit außerordentlich aphrodisischen Kräften

Man nehme

60 g Yin Yang Huo

weißen Tequila

Mörser und Stößel

Einmachglas

dunkle Glasflasche

Die älteste medizinische Schule der Welt ist die der traditionellen chinesischen Medizin. Das *Huang Ti Nei Qing Su Wen* (Der Klassiker der inneren Medizin des gelben Kaisers) datiert, zumindest in Teilen, zurück in die Shang-Dynastie (ca. 1523-1028 vor unserer Zeitrechnung) und ist daher das älteste medizinische Werk. Dieses Buch und andere weit zurückreichende medizinische Texte aus China listen tausende von verschiedenen Pflanzen und Rezepten auf.

Eine der Pflanzen, die Jahrhunderte geheim gehalten wurde, trägt im Englischen den Namen „horny goat weed" (*epimedium*, insbesondere *epimedium sagittatum*). Diese Bergpflanze gilt als eine der stärksten aphrodisischen Pflanzen und wird zur Zeit im Westen auf ihre Wirkung gegen Impotenz, Frigidität, Blasenschwäche, Vergesslichkeit und Menstruationsprobleme in Verbindung mit Bluthochdruck wissenschaftlich untersucht. Das getrocknete Kraut kann von chinesischen Herbalisten oder per Mailorder bezogen werden. Der günstigste Tag für seine Anwendung ist der Donnerstag, vorzugsweise während des zunehmenden Mondes. Hier ein Rezept für eine Tinktur.

Rezeptur

Zerstoßen Sie getrocknetes Yin Yang Huo zu Pulver, füllen es in ein Einweckglas und bedecken es mit weißem Tequila. Stellen Sie die Flüssigkeit 2 Wochen an einen warmen, dunklen Ort. Füllen Sie diese in eine dunkle Glasflasche. Geben Sie 7 Tropfen der Tinktur in warmes Wasser und trinken Sie es dreimal täglich vor den Mahlzeiten als Tonikum. Unterbrechen Sie die Anwendung nach jeweils 2 Monaten für ca. eine Woche.

Schoko-Liebesbällchen

Ein köstliches Dessert mit einem amourösen Fla

Man nehme

90 g Schokolade

30 g braunen Zucker

90 g Honig

225 g Mehl

1 Prise Muskat

1 Prise Zimt

1 TL (5 mg) gemahlenen Ingwer

1 TL (5 mg) Sodabikarbonat

1 EL (15 ml) warmes Wasser

15 g gehackte Ingwerwurzel oder kandierten Ingwer

15 g gehackte Pinienkerne

Schokolade ist eines der weltweit beliebtesten Liebesnahrungsmittel, seit sie die Konquistadoren aus Mexiko zu uns gebracht haben. Die Azteken frönten der Schokolade bereits zu einer Zeit, als wir von ihr noch nicht zu träumen wagten. Der Herrscher Montezuma soll mehr als 50 Tassen Schokolade am Tag getrunken haben, um den Herausforderungen seines Harems gewachsen zu sein. Die moderne Wissenschaft hat den Ruf der Schokolade als Aphrodisiakum erst unlängst bestätigt. Eine vom New York State Psychiatric Institute durchgeführte Untersuchung wies nach, dass Schokolade Phenyläthylamine freisetzt, das gleiche Glückshormon, das beim Liebesakt ausgeschüttet wird. Es ist zwar richtig, dass man sehr viel Schokolade essen muss, um eine wirklich aphrodisische Dosis zu erreichen, aber jeder Bissen hilft. Hier ein Rezept, das Schokolade mit anderen die Libido anregenden Mitteln kombiniert.

Rezeptur

Geben Sie die Schokolade, den braunen Zucker und den Honig in einen Topf und lassen Sie das Ganze bei kleiner Hitze schmelzen. Geben Sie Mehl, Muskat und Zimt sowie gemahlenen Ingwer in eine Schüssel. Gießen Sie mit dem warmen Wasser vermischtes Sodabikarbonat und dann die geschmolzene Schokoladenmischung, den Ingwer und die Pinienkerne hinzu. Gut durchmischen und ca. 24 kleine Kugeln formen. In genügend Abstand auf ein gebuttertes Backblech legen. Bei 180°C 15 Minuten backen lassen. Nach dem Abkühlen in einem luftdichten Behälter verwahren – wenn Sie die Finger davon lassen können!

Versiegelte Seiten

Yohimbe

Als eines der stärksten Aphrodisiaka der Welt ist Yohimbe die ultimative sinnliche Reise

Man nehme

½ TL (2 g) Yohimbe-Rinde

1½ TL (2 g) Ginseng

Tasse (250 ml) Quellwasser

4 Limonen

1 EL (15 ml) Honig

Yohimbe ist ein großer immergrüner in West-Afrika heimischer Baum. Seit Jahrhunderten haben die bantusprechenden Stämme dieser Region die Rinde als Aphrodisiakum verwendet, um sich damit für ihre orgiastischen Heiratsrituale zu stärken. Yohimbe ist die einzige Pflanze, die von der Schulmedizin als Aphrodisiakum anerkannt wird. Sie steigert den Blutzufluss in die erogenen Zonen und hält das Blut auch dort, indem sie die Venen verengt. Es wirkt sowohl bei Männern als auch bei Frauen und vermag auch das Verlangen und die Empfindsamkeit zu steigern. Yohimbe sollte mit Vorsicht angewendet werden. Seine Wirkung kann lange anhalten, im Allgemeinen 2 bis 4 Stunden, manchmal aber auch länger. Während dieser Zeit ist es unmöglich einzuschlafen. Es kann auch zu Nebenwirkungen wie Übelkeit führen und, in großen Dosen eingenommen, Bluthochdruck und Halluzinationen verursachen. Menschen mit Durchblutungsstörungen oder Bluthochdruck, Diabetes, Ulkus oder Nierenstörungen sollten es meiden. Es sollte auch nicht mit verschreibungspflichtigen Medikamenten oder mit Käse, Leber oder Alkohol eingenommen werden. Für einen gesunden Menschen sollte jedoch der gelegentliche Gebrauch von Yohimbe keine Probleme mit sich bringen. Nachfolgend ein sicherer, effektiver Liebestrank.

Rezeptur

Geben Sie Yohimbe-Rinde und Ginseng in einen Topf. Kochen Sie das Quellwasser auf und gießen Sie es mit dem Honig und dem Saft der 4 Limonen in den Topf. Kochen Sie das Ganze, bis es auf die Hälfte reduziert ist. Abkühlen lassen und Honig zufügen.

AETHIOPISCHES

Ein wohlschmeckendes Backvergnügen

Liebesküchlein

Ein Angebot anregender Küchlein, um den geliebten Menschen anzuregen und zu erregen

Man nehme

925 g Mehl

90 g Puderzucker

30 g Hefe

125 g handwarme Ziegenmilch

4 EL (60 ml) Wasser

1 TL (5 g) Salz

1 TL (5 g) gemischte Gewürze (Ingwer, Muskat, Koriander)

1/2 TL (2.5 ml) Zimt

225 g Korinthen

60 g Pinienkerne

60 g Butter

1 geschlagenes Ei

60 g Zucker

3 EL (45 ml) Milch

Diese Rezept verbindet verschiedene Gewürze, die wegen ihrer libidinösen Wirkung berühmt sind. Vermischen Sie die Ingredienzien mit den Händen und versuchen Sie sich auf das Objekt Ihrer Begierde zu konzentrieren. Sagen Sie während der Zubereitung, einen kurzen Zauberspruch auf oder benennen Ihren Wunsch.

Rezeptur

Geben Sie 125 g Mehl in eine Schüssel und fügen Sie einen Teelöffel (5 g) Puderzucker hinzu. Vermengen Sie die Hefe mit der Ziegenmilch und dem Wasser und geben Sie das mit Zucker vermischte Mehl hinzu. Gut vermengen und 20 bis 30 Minuten, oder bis es schaumig wird, ruhen lassen. Geben Sie 800 g Mehl mit dem Salz, den gemischten Gewürzen und dem Zimt in eine Schüssel. Fügen Sie 60 g Puderzucker, die Korinthen und die Pinienkerne hinzu. Leicht durchmischen und die Hefemischung mit der Butter und dem Ei hinzufügen. Kneten Sie einen weichen Teig, der sich leicht vom Schüsselrand lösen lässt. Legen Sie diesen auf ein mit Mehl bestreutes Brett und kneten Sie den Teig, bis er geschmeidig ist. Kneten Sie Ihre Wünsche mit den Fingern in den Teig ein. Decken Sie die Schüssel ab und lassen Sie den Teig bis zur doppelten Größe aufgehen. Stellen Sie sich dabei vor, der Teig schwillt ebenso an wie Ihr Verlangen. Bestäuben Sie das Brett erneut mit Mehl. Kneten Sie den Teig leicht und formen Sie daraus 12 runde Plätzchen. Legen Sie diese mit genügend Abstand voneinander auf ein leicht gebuttertes und mit Mehl bestäubtes Backblech. Bei 220°C 20 bis 25 Minuten backen. Legen Sie die Küchlein auf ein Gitterblech. Milch mit Zucker 2 Minuten kochen lassen und die Küchlein zweimal damit bestreichen.

Muira Puama

Ein mächtiges Tonikum, um sich auf den geliebten Menschen vorzubereiten

Man nehme

60 g Muira Puama

1 l weißen Rum oder Wodka

225 g Honig

Glasflasche

Muira Puma ist ein kleiner Baum, der hauptsächlich im brasilianischen Amazonasgebiet wächst. Die eingeborenen Stämme Brasiliens benutzen die Rinde und die Wurzeln, um daraus einen Tee herzustellen, der bei sexuellen Schwächen und Impotenz, neuromuskulären Problemen, Rheumatismus und vorbeugend gegen Kahlheit wirkt. Die europäische Entdecker erkannten die Wirkung als Aphrodisiakum und brachten es mit nach Europa. Es wird heute in aller Welt verwendt und hat in den USA an Popularität gewonnen, wo es von Kräuterkundigen und Heilpraktikern gegen Impotenz, Menstruationskrämpfe, das prämenstruelle Syndrom, Neurasthenie und Störungen des zentralen Nervensystems eingesetzt wird. Um von der ganzen Wirksamkeit zu profitieren, muss die Pflanze sachgerecht vorbereitet werden, da die Öle und Harze, die man in der Rinde und den Wurzeln finden kann, nicht leicht auszulösen sind. Hier die beste Art, diese Pflanze zu nutzen.

Rezeptur

Geben Sie das Muira Puama in einen Topf mit einem fest schließenden Deckel. Gießen Sie weißen Rum oder Wodka und den Honig darüber. Schließen Sie den Topf und erhitzen Sie das Ganze langsam, bis es zu kochen beginnt. Reduzieren Sie die Hitze und lassen es 20 Minuten ziehen. Abkühlen lassen und in eine Flasche abseihen. Wenn Sie Alkohol meiden möchten, bereiten Sie das Ganze ohne Deckel zu, da dann der größte Teil des Alkohols entweicht. Dabei geht auch ein Teil der flüchtigen Öle verloren. Nehmen Sie 3 Teelöffel (15 ml) dreimal täglich oder einen guten Schluck ein oder 2 Stunden vor einem amourösen Unterfangen.

Paella Puella

Ein libidinöses wohlschmeckendes Mahl mit Meeresfrüchten

Man nehme

3 EL (45 ml) Olivenöl
1 gehackte Knoblauchzehe
1 Prise Safran
1 gewürfelte Zwiebel
125 g kleine Kalmare
2 kleine Tomaten, geschält und geviertelt
225 g Langkornreis
15 EL (225 ml) Fischfond
8 Spargelstangen
Hummerschwanz
weißer Fisch, in Stücke geschnitten
1 Hand voll Garnelen
3 Austern ohne Schale
1 Hand voll Muscheln
Petersilie oder Koriander

Paella ist ein spanisches Reisgericht, das weltweit berühmt ist. Alle Variationen der Paella sind sehr schmackhaft, aber ein Grund für die Beliebtheit des Gerichts ist wohl die Tatsache, dass es viele Ingredienzien enthält, die den Ruf haben, die Libido zu unterstützen und zu steigern. Dieses Rezept ist eine Abwandlung der „Paella Valenciana" und enthält Meeresfrüchte — Geschöpfe aus dem Schaum des Meeres so wie die Aphrodite selber. Der Name dieses Mahles, Paella, kommt von der eisernen Pfanne mit zwei Henkeln, in welcher der Reis gekocht und serviert wird. Puella ist die lateinische Bezeichnung für Mädchen.

Rezeptur

Erhitzen Sie das Olivenöl in einer tiefen eisernen Brat- oder einer Paella-Pfanne und fügen Sie den Knoblauch hinzu. Danach die Zwiebel und die Kalmare. Die Zwiebel glasig dünsten und die Tomaten hinzufügen. Den Reis untermischen und das Ganze 5 Minuten leicht kochen lassen. Mit dem gut gewürzten Fischfond, dem noch eine Prise Safran zugefügt wird, bedecken. Den Spargel hinzugeben und das Ganze weitere 5 Minuten kochen lassen. Dann den weißen Fisch, den Hummerschwanz, die Garnelen, Austern und Muscheln hinzufügen. Alles 5 Minuten stark kochen und dann köcheln lassen. Gegebenenfalls weiteren Fond hinzugeben, bis der Reis gar, aber nicht klebrig ist. Schieben Sie die Paella für einige Minuten bei 200°C in den Backofen. Bestreuen Sie diese vor dem Servieren mit etwas gehackter Petersilie oder Koriander.

Zergpalme

Ein vielfältig wirkendes Kraut, das die Libido anregt und ein gesundes Sexualleben sichert

Man nehme

30 g Zwergpalmenbeeren, gemahlen

30 g Ginseng

1/2 l Weinbrand

dunkle Glasflasche

Die Zwergpalme ist ein kleiner Baum, der in den USA an der Atlantik- und Golfküste wächst. In der traditionellen chinesischen Medizin gelten die Beeren als ein kräftiges Tonikum sowohl für Yang als auch für Yin (männliche und weibliche Energien), das sowohl bei Männern wie auch Frauen die Hormone im Gleichgewicht hält. In den letzten Jahren ist die Zwergpalme als Mittel gegen Prostataprobleme sehr populär geworden. Nach Meinung vieler Kräuterärzte sollten alle Männer über 40 Jahre regelmäßig Zwergpalme einnehmen, um die Funktion der Prostata zu schützen und zu unterstützen. Zwergpalme ist darüber hinaus eines der nützlichsten, sichersten und verträglichsten von all den Kräutern, die über eine direkte Wirkung auf das Reproduktionssystem verfügen. Die Beeren vermögen die Libido zu verstärken und helfen gegen Impotenz und Frigidität. Sie lassen sich gut mit anderen Kräutern kombinieren – Acker-Schachtelhalm und Echinacea gegen Prostataprobleme, Damiana als Aphrodisiakum und Muira Puama als Langzeit-Libidotonikum. Hier ein Rezept, mit dem Sie und Ihr geliebter Mensch sich in Topform halten können.

Rezeptur

Bedecken Sie die Zwergpalmenbeeren und den Ginseng mit Weinbrand, am besten bei Neumond. Lassen Sie die Flüssigkeit 2 Wochen an einem dunklen warmen Ort ruhen und seihen Sie diese dann in eine dunkle Flasche ab. Nehmen Sie einmal täglich 2 Teelöffel (10 ml). Setzen Sie nach einigen Monaten ungefähr 14 Tage mit der Einnahme aus.

Grüner Hafer

Trinken Sie dieses anregende Tonikum und es wird Sie „der Hafer stechen"

Man nehme

grünen Hafer

Entsafter

hochprozentigen Alkohol

Wir alle kennen Redewendungen wie „wen der Hafer sticht". Es überrascht daher nicht, dass grüner Hafer, der von potenten, kräftigen Tieren gefressen wird, ein wichtiges Liebestonikum ist. Er vermag Testosteron, das wichtigste Sexualhormon bei Männern wie bei Frauen, freizusetzen und so die Libido zu verstärken. Verlangen, Erregung und Standvermögen werden sowohl bei Männern wie bei Frauen gestärkt. Die Inhaltsstoffe des grünen Hafers unterstützen die Wirkung von anderen sexuellen Tonika wie Zwergpalme, Damiana und Muira Puama. Sie sind auch in extrahierter Form als Nahrungsergänzungsmittel wie *Avena sativa* (lateinische Bezeichnung für Hafer) erhältlich, der täglich als Ergänzung zur Nahrung genommen werden kann. Die beste Art, grünen Hafer zu verzehren, ist in frischer, natürlicher Form.

Rezeptur

Pflücken Sie grünen Hafer, überall, außer an sehr umweltbelasteten Standorten. Die beste Zeit dafür ist vom Frühling bis zum Frühsommer, solange er noch grün ist und milchigen Saft hat. Entsaften Sie den Hafer und nehmen Sie 6 Esslöffel (90 ml) ein- oder zweimal täglich zu sich. Der Saft ist gekühlt 3-4 Tage haltbar. Nehmen Sie nach jedem Entsaften die Reste aus dem Entsafter und legen Sie diese einige Tage in hochprozentigem Alkohol ein. Seihen Sie die grüne Tinktur ab. Nach 3 Extraktionen ist sie ziemlich stark und kann anstelle des Saftes getrunken werden. Nehmen Sie einen Teelöffel (5 ml) in warmem Wasser zwei- oder dreimal täglich. Wollen Sie Alkohol meiden, nehmen Sie einfach heißes Wasser – der größte Teil des Alkohols verfliegt dann.

Das absolute Geheimnis

Ozeane der

Der Legende zufolge entstieg Venus (oder, in der griechischen Mythologie, Aphrodite), die Beschützerin und Inspiration aller Liebenden nackt und triumphierend dem Meer. Aufgrund dieser Legende wurde das Meer zum ausdrucksstarken Symbol und zur mächtigen Quelle von Liebe und Verlangen.

LIEBE

Austern und Schalentiere

Von allen Geschöpfen des Meeres haben Austern den besten Ruf als Aphrodisiakum – schließlich war es eine Austernschale, welche die Venus emporbrachte. Die sinnliche Anmutung von rohen Austern in der geöffneten Schale mit ihrem frischen, scharfbitteren Beigeschmack machen sie höchst suggestiv, während ihr Reichtum an Proteinen und Mineralien einen schnellen Energieschub bewirkt, der den einen Appetit stillt und den anderen erweckt. Casanova, der archetypische Liebhaber, hatte großes Zutrauen in die amourösen Kräfte der Austern. Es wird berichtet, er habe bis zu 50 Austern zum Frühstück geschlürft. Auch andere Schalentiere, darunter Herz-, Venus-, Kamm- und wildgeformte Miesmuscheln besitzen ebenfalls einen guten Ruf als Liebesfrüchte.

Fisch und Fugu

Der Rogen (die Eier) aller Fische gilt als besonders wirkungsvolles Aphrodisiaka. Frischer Igelfisch-Rogen ist äußerst schmackhaft und wird hoch gepriesen wie natürlich auch der Kaviar. Es geht die Mär, dass Katharina die Große (eine Frau mit einer legendären Libido) um den Thronfolger zu bekommen, den ihr der Gatte nicht schenken konnte, einen kräftigen, gut aussehenden Offizier der königlichen Garde zum Abendessen zu sich befahl und ihn mit Kaviar traktierte. Russlands Thronfolge wurde in dieser Nacht gesichert. Auch der Stör, von dem der Kaviar stammt, hat einen Ruf als Aphrodisiakum. Im Allgemeinen gelten alle Fische als Verstärker der Libido. Anchovis, Aal, Heilbutt, Makrele, Scholle, Lachs und Rochen sind besonders durch ihre Potenz bekannt. Das wohl infamste ozeanische Aphrodisiakum ist der Fugu, eine Art Kugelfisch, der von den Japanern aufs höchste gepriesen wird. Die Haut und verschiedene Organe dieses Fisches enthalten ein tödliches Gift und erst nach jahrelanger Ausbildung erhält ein Küchenchef die Lizenz, diese möglicherweise todbringende Delikatesse zu servieren. Meeresfrüchte zu meiden heißt einige der höchst delikaten Liebesvergnügen zu meiden. Lassen Sie sich darauf ein und Sie können sicher sein, die Ankunft der schaumbedeckten Venus zu erleben.

Kapitel drei

DER GARTEN

Der Geruchssinn und das Ausscheiden besonderer Düfte ist eine Voraussetzung für die Fortpflanzung der Pflanzen und Tiere. Wir Menschen bilden da keine Ausnahme. Blumen ziehen uns mit ihrem Duft und ihrer Schönheit an und werden von Dichtern und Künstlern als die wesentlichen Metaphern der Liebe gebraucht. Auch Gewürze sind gleichermaßen exotisch wie erotisch, da sie uns mit ihrem Duft und Geschmack beeindrucken und erfreuen. Hier erfahren wir, wie tief uns die Schätze des Gartens beeinflussen können.

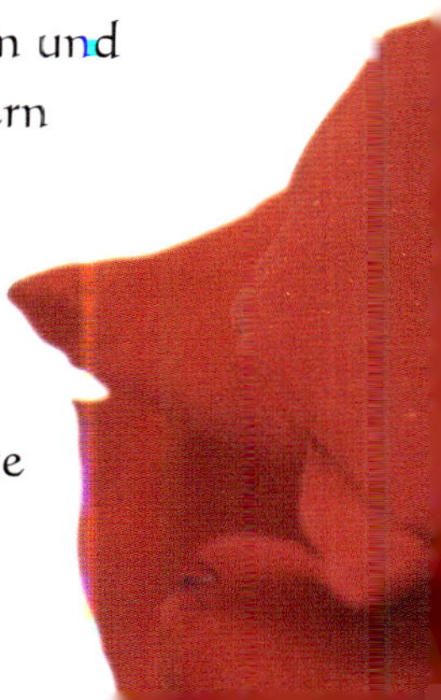

DER DÜFTE

Weihrauch und Myrrhe

Eine Luxus-Lotion zur Verjüngung von Körper und Seele

Man nehme

2 TL (10 ml) gemeines Nachtkerzenöl

4 TL (20 ml) Traubenkernöl

ätherische Öle von Weihrauch, Myrrhe und Rose pur

dunkle Glasflasche

Sowohl Weihrauch als auch Myrrhe sind aromatische Harze von zähen kleinen Bäumen, die in den Wüsten Arabiens wachsen. Zusammen mit Gold gelten sie seit alters her als die angemessenen Gaben für Götter und Könige. Die Heiligen Drei Könige brachten diese Gaben dem neugeborenen Jesus. Die alten Ägypter, Griechen und fast 6000 Jahre alte Texte erwähnen den Gebrauch als Medizin sowie in religiösen und magischen Ritualen. Tatsächlich war Myrrhe der Hauptbestandteil des heiligen Salbungsöls, das Gott Moses auf seinem Körper zu verreiben befahl, ehe er sich dem Tabernakel näherte. Auch heutzutage werden weltweit Weihrauch und Myrrhe verwendet, um zu säubern, zu reinigen und zu schützen. Sie werden auch als Ingredienzien in Liebestränken genutzt und der Geruch von Weihrauch hat nachgewiesenermaßen eine aphrodisische Wirkung auf Männer. In Kosmetika finden diese wertvollen Harze eine neue und besondere Verwendung: Sie scheinen die Fähigkeit zu besitzen, die Haut zu verjüngen, den Teint zu verbessern und feine Falten zu glätten. Hier ein exquisites Jugendelixier, an dem Kleopatra ihre Freude gehabt hätte.

Rezeptur

Mischen Sie das Öl der gemeinen Nachtkerze und das Traubenkernöl mit je 5 Tropfen ätherischem Öl von Weihrauch und Myrrhe sowie Rose pur. Tragen Sie es zur Nacht als eine luxuriöse und verjüngende Gesichtsmaske auf. Diese Mischung erfrischt, auf die feuchte Haut aufgetragen, auch den Körper. In einer dunklen Glasflasche verwahrt, hält sie 6 Monate.

Ewige Liebe

Pflanzen Sie diese Blumen und der Samen Ihrer Liebe wird nie vergwhendie

Man nehme

Immergrüne Pflanzen oder Samen

Das hübsche Immergrün hat einen besonderen Platz im Lexikon der Liebe. In alten Zeiten schrieb man ihm Qualitäten als Aphrodisiakum zu. Der mittelalterliche Alchemist Albertus Magnus beschreibt in seinem *Buch der Geheimnisse* ein eigenartiges Rezept unter Verwendung von Immergrün und Regenwürmern und besteht darauf, dass „es die Liebe zwischen Mann und Weib herbeiführt, wenn es in deren Mahlzeiten verwendet wird". Nicholas Culpepper greift das 400 Jahre später auf, indem er schreibt, dass die Blätter, „von einem Mann und einer Frau" gegessen, „zwischen diesen beiden Liebe entstehen lassen". Glücklicherweise verzichtet er auf die Regenwürmer. Heute hat das Immergrün einen wichtigen Platz in der Kräutermedizin: Es gilt als starkes Binde- und blutstillendes Mittel. Auch bei der Behandlung von Diabetes wird es verwendet und das Madagaskar-Immergrün hat einen Ruf als Krebsmittel errungen. Das Immergrün hat seinen Namen von dem lateinischen *vincio* – verbinden und *perennis* – immer. Auch von daher kann das „Immergrün" dazu verhelfen, Paare für immer sich „grün sein" zu lassen. Hier eine Methode, um immerdar miteinander glücklich zu sein.

Rezeptur

Immergrün ist eine schöne Pflanze mit hübschen violetten Blüten. Es ist ganzjährig. Das bedeutet, dass seine mattgrünen Blätter den Winter überdauern. Es wurde früher „Freude des Bodens" genannt. Das zeigt, wie sehr es als Bodendecker geschätzt wurde. Pflanzt ein Paar Immergrün im Garten seines Hauses an, kann es einer langen und glücklichen Partnerschaft sicher sein.

Persische Verzauberung

Ein Ritual aus dem Harem, um Herz, Körper und Seele des Geliebten zu erobern

Man nehme

Diese ätherischen Öle sollten immer verdünnt, im Verhältnis 1:5 oder 1:10 in einem Trägeröl, wie zum Beispiel Traubenkernöl, gelöst werden.

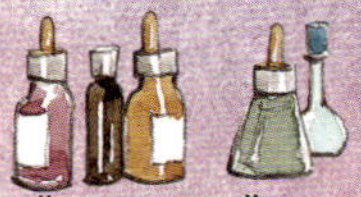

Ätherische Öle von Gardenie, Rose, Pfefferminz, Patchouli und blauem Flieder
Honig

Ambra
Mandelmilch
Kuskusgras oder Moschus (synthetisch)

Über Generationen weitergegeben, werden für dieses ausgeklügelte Ritual einige der betörendsten Düfte verwendet. Wenden Sie ein derartig kraftvolles Zaubermittel nicht leichtfertig an – seine Folgen sind meist nicht mehr zu beeinflussen.

Rezeptur

Auf das Haupt derer, die auserwählt, einen Tropfen Gardenie, um den Westwind einzufangen und zu dem Auserwählten hinüberzuwehen.
Auf die Augenlider derer, die auserwählt, einen Tropfen Rosenöl um ihn, den Auserwählten, zu verlocken.
Auf ihren Mund einen Tropfen Honig, um den Mund dessen, den sie auserwählt, geschmeidig zu machen.
Auf ihre Zunge einen Tropfen Pfefferminze, um die Flamme in den Lenden dessen, den sie auserwählt, zu entzünden.
Auf ihren Nacken einen Tropfen Ambra, um den, den sie auserwählt, in Wallung zu versetzen.
Auf beide Brüste einen Tropfen Mandelmilch, um ihn, den Auserwählten, zu hegen.
Auf ihren Bauch einen Tropfen Kuskusgras um in ihm, den sie auserwählt, die Lust zu erwecken.
Auf ihren Mund des Frohsinns einen Tropfen Patchouli, um in ihm, den sie auserwählt, die schlummernde Schlange zu wecken.
Auf die Lippen ihrer jungfräulichen Blüte einen Tropfen blauen Flieder, zum Abschlecken für ihn, den sie auserwählt
Denn wenn diese Tropfen sich verbinden mit der Liebesmilch ihrer Leidenschaft, wird deren Vereinigung in ihrem Inneren die Frucht des Glücks und des langen Lebens mit sich bringen.

Blumenzauber

Ein Blumenbouquet, um Ihren Traumpartner zu verlocken

Man nehme

6 rote Rosen

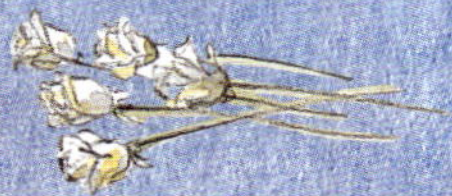

5 weiße Rosen

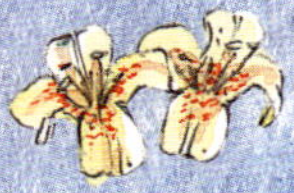

2 weiße Lilien

1 Tigerlilie

hohe Vase

Mit ihrer fragilen Anmut und Schönheit sowie ihren lieblichen Düften sind Blumen seit alters her Symbole des weiblichen Prinzips. Mit ihrem Zauber locken sie die Bienen an, um sich bestäuben zu lassen und so sicherzustellen, dass die Samen reifen. So gesehen symbolisieren sie Verführung und Fruchtbarkeit. Bestimmte Blumen werden mit Liebe und Romantik assoziiert, darunter Rosen, Lilien und Orchideen, die alle im Zeichen der Venus stehen. Rote Rosen sind vermutlich das bekannteste Symbol der Liebe. Rote Rosen suggerieren leidenschaftliche, romantische Liebe; rosa Rosen bedeuten Zuneigung; weiße Rosen hingegen sind die Embleme der reinen, idealisierten Liebe. Die Lilie ist ein Symbol der Reinheit und Jungfräulichkeit und allen jungfräulichen Göttinnen heilig. Die Madonnenlilie steht mit ihrem phallischen Blütenstand für Sexualität und Fruchtbarkeit, und die Tigerlilie sagt: „Ich will, dass Du mich liebst". Orchideen verkörpern Liebe, Harmonie, Raffinesse, Schönheit und Weiblichkeit. Hier ein Blumenzauber, der die Verführbarkeit auf der Grundlage von wahrer Liebe und Respekt ausdrückt.

Rezeptur

Stellen Sie in eine hohe Vase sechs rote Rosen, die den Mann und die Leidenschaft verkörpern, und fünf weiße Rosen, die die Frau und die reine Liebe symbolisieren. Stecken Sie an jede Seite eine weiße Lilie als Schutz der jungfräulichen Göttin. Stecken Sie hinter den Strauß eine betörende Tigerlilie, um einen Mann oder eine Frau herauszufordern, Sie so zu lieben, wie Sie es verdienen.

Gut Gewürzt

Verleihen Sie Ihrem Liebesleben mit diesen köstlichen Kreationen zusätzlich Würze

Man nehme

Schokoladeneiskreme
Milch
Schokoladensauce

Zimtessenz
1 TL gemahlenen Koriander
1 TL (5 g) gemahlenen Ingwer
frischen schwarzen Pfeffer

1 Handvoll Erdbeeren, am besten wilde
Erdbeereiskreme
Mixer

Aufgrund ihrer kulinarischen Eigenschaften sind wir bestens mit Gewürzen vertraut, die darüber hinaus seit Jahrtausenden auch wegen ihrer medizinischen Eigenschaften hoch angesehen sind. Beispielsweise stimuliert Ingwer den Kreislauf und ist ein geschätztes Aphrodisiakum. Zimt wirkt bei Frauen sexuell stimulierend. Andere Verstärker der Libido sind Anis, Gewürznelke, Kardamon, Kreuzkümmel, Koriander, Fenchelsamen, Muskatnuss, Pfeffer und Vanille. Einige Gewürze passen prächtig zu Milch und Eiskreme – mit denen im Sommer der Körper abgekühlt und die Leidenschaft angeheizt werden kann. Verwenden Sie Gewürzessenzen, da sie sich besser mit Milch vermischen lassen. Andere Gewürze werden zerstoßen, in warme Milch gegeben. Einige Minuten ziehen lassen und dann kühlen. Hier zwei erfrischende und stimulierende Shakes.

Rezeptur

Zimt-Mädchen

Mixen Sie Schokoladeneiskreme mit Milch, echter Schokoladensauce und Zimtessenz zu einem sensationellen Milchshake

Venus und Mars

Dieser wohlschmeckende Trank verbindet Koriander und Erdbeeren (die Venus repräsentieren) mit Ingwer und schwarzem Pfeffer (die Mars repräsentieren), um die Vereinigung des leidenschaftlichsten göttlichen Liebespaares zu erzwingen. Geben Sie Koriander und Ingwer 5 Minuten in eine Tasse warme Milch. Kühlen Sie das Ganze eine Stunde. Mixen Sie die Erdbeeren mit der gewürzten Milch, Erdbeereiskreme und schwarzem Pfeffer.

Blumenkranz

Ein schlichtes Feiern der Herzensregungen

Man nehme

Efeu, 45 cm lang

Auswahl von Blumen

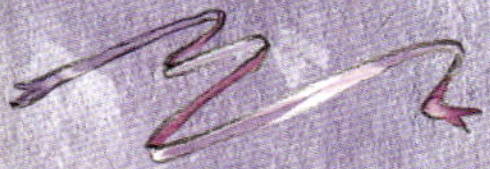

schmale Bänder oder dünnen Draht

scharfes Messer

Pinzette

Von Mädchen getragene Blumenkränze galten in der Vergangenheit als ein Ausdruck für die Bereitschaft zur Liebe. Unterschiedliche Blumen drückten gemäß der tradierten „Sprache der Blumen" unterschiedliche Absichten aus.

Bumen/Blüten und ihre Bedeutung

Blauer Salbei sagt: „Ich denke an Dich"

Gänseblumen stehen im Zeichen der Venus und drücken die Hoffnung auf die wahre Liebe aus.

Stiefmütterchen (Viola tricolor) symbolisieren ein von der Liebe getroffenes Herz.

Immergrün ist der Venus geweiht und symbolisiert die junge Freundschaft.

Primeln stehen im Zeichen der Venus und repräsentieren die junge Liebe.

Rosen stehen in allen Sprachen für die Liebe. Rote Rosen suggerieren leidenschaftliche Liebe, weiße Rosen platonische Liebe und Rosenknospen Unschuld.

Veilchen sind der Venus geweiht und steht für Zuneigung und Treue.

Rezeptur

Nehmen Sie einen langen Efeuzweig mit schmalen Blättern. Schneiden Sie mit einem Messer kleine Schlitze in den Stiel. Halten Sie mit der Pinzette die Schlitze offen und stecken Sie die Blumen hinein. Sprechen Sie, während Sie den Kranz winden, einen Wunsch wie eine Beschwörung. Verwenden Sie schmale Schleifen oder dünnen Draht zum Befestigen. Versehen Sie den Efeu mit Blumen. Binden Sie die Enden zusammen und setzen Sie den Kranz vorsichtig auf den Kopf.

Duftöle für die Seele

Eine erregende Mischung von süßen Ölen

Man nehme

Ätherische Öle von Ingwer, Zimt, Gewürznelke und Lavendel

Duftlampe

Die Alchemisten glauben, dass alle Dinge, Metalle, Pflanzen und Lebewesen, aus drei Grundelementen bestehen: Seele, Geist und Körper. Der Geist steht für die Lebenskraft, der Körper für die materielle Gestalt und die Seele für die Persönlichkeit oder das Wesentliche eines Dings. Die Seele der Pflanzen sitzt in ihren ätherischen Ölen. Das ist es, was sie am deutlichsten von anderen Pflanzen unterscheidet. Die ätherischen Öle geben Zimt, Jasmin oder Lavendel ihre unverwechselbaren Aromen. Diese Düfte lösen in uns verschiedene Wirkungen aus: einige beruhigen, einige verleihen Energie und andere erregen. Das ist die Grundlage der Aromatherapie, einer uralten Kunst, die seit einigen Jahren wieder sehr populär geworden ist. Die Reaktionen, die die ätherischen Öle hervorrufen, sind zwar subtil, aber wirkungsvoll. Sie können unsere Stimmung verändern und bei regelmäßiger Anwendung unser Wohlbefinden verbessern. Verwendung finden sie in Badezusätzen, Duft- oder Massageölen. Ätherische Öle sind äußerst konzentriert und dürfen daher nie direkt auf die Haut aufgetragen werden. Sie sollten mit einem milden Trägeröl wie Mandel-, Traubenkern- oder Avocadoöl vermischt werden.

Rezeptur

Füllen Sie die Verdunsterschale einer Duftlampe zur Hälfte mit Wasser und fügen Sie je 3 Tropfen Ingwer- und Zimtöl sowie 1 Tropfen Gewürznelkenöl und 2 Tropfen Lavendelöl hinzu. Entzünden Sie die Duftlampe eine halbe Stunde, bevor Sie ins Bett gehen, im Schlafzimmer.

Wildblumen Strauß

Eine rituelle Anrufung der amourösen Kräfte von Venus und Mars

Man nehme

Zusammenstellung von Blumen im Zeichen der Venus und des Mars

große und kleine Vasen

Schleife, Bänder oder Gummiringe

Venus und Mars gelten als das archetypische göttliche Liebespaar. Die wollüstige Venus verkörpert die eher femininen Aspekte wie Zuneigung, Wohlbehagen und Frohsinn. Der feurige Mars, ihr männlicher Gegenpart, ist der leidenschaftliche, hoch erotische Krieger. Gemeinsam sind sie der Inbegriff dafür, dass Gegensätze sich anziehen. In der Alchemie beherrschen diese göttlichen Himmelskörper die Pflanzen der Liebe. Die folgenden Blumen stehen im Zeichen der Venus: Akelei *(Aquilegia vulgaris)*, die Gattung der Primeln (darunter Schlüsselblume und Primeln), Malvengewächse *(Malva* und *Athaea-Arten)*, Lilien, Rosen, Orchideen, Immergrün, Braunellen *(Prunella vulgaris)*, Garben *(Achillea)*, Veilchen und Kirschblüten.

Die nachstehenden Blumen stehen im Zeichen des Mars: Gnadenkraut *(Gratiola)*, Küchenschelle *(Pulsatilla)*, Anemonen, Butterblumen, Basilikum, Disteln, Tabakpflanzen *(Nicotiana tabacum)*, Gewöhnliches Leinkraut *(Linaria vulgaris)* und Besenginster *(Cytisus scoparius)*.

Rezeptur

Stellen Sie Blumenensembles der Venus und des Mars aus Blumen gleicher Länge zusammen. Schneiden Sie die Stängel und Blätter und arrangieren Sie die Sträuße und Sträußchen in größeren und kleineren Vasen. Verteilen Sie diese in allen Zimmern, in denen Sie dem geliebten Menschen begegnen. Die Sträußchen können auch mit Schleifen, Bändern oder Gummiringen gebunden werden. Stellen Sie die Blumen in unterschiedlichen dekorativen Arrangements zusammen, wobei die wildwachsenden eine größere Wirkungskraft besitzen.

Versiegelte Seiten

Alraunen Zauber

Pflanzen Sie diese Samen und beobachten Sie das Erblühen der Liebe

Man nehme

Samen der Alraune

Das Faszinierende an der Alraune ist, dass die Wurzel wie der Körper eines Menschen aussieht und weibliche oder männliche Gestalten andeutet. In einigen Teilen der Welt werden die Wurzeln als magische Puppen oder Liebeszauber aufbewahrt oder gehandelt. Die Pflanze, um die es hierbei geht, ist die europäische Art *(Mandragora officinarum)*, die nicht mit der amerikanischen Alraune *(Podophyllum peltatum)* verwechselt werden darf. Die Alraune ist eine seltene Pflanze und darf nicht gesammelt werden. Aber ihre Samen sind in Fachgeschäften erhältlich.

Rezeptur

Bereiten Sie ein Beet von mindestens 85 x 85 cm vor. Pflanzen Sie am ersten Mittwoch nach Neumond, im Zeichen des Widders, einen einzelnen Samen 2,5 cm tief in die Erde ein. Achten Sie darauf, dass der Boden immer feucht ist, bis der Keimling erscheint. Bauen Sie eine Beziehung zu der heranwachsenden Pflanze auf. Erzählen Sie ihr, dass sie ausgewachsen eine wichtige Aufgabe erfüllen wird. Graben Sie am Mittwoch vor dem neunten Vollmond kurz vor Sonnenuntergang nach Westen gerichtet die Wurzel vorsichtig aus. Entfernen Sie die Wurzel auf keinen Fall, bevor die Sonne untergeht. Bringen Sie die Pflanze ins Haus und legen Sie sie in handwarmes Wasser. Sanft und vorsichtig waschen, mit kaltem Wasser abspülen trocken tupfen. An einen warmen, trockenen Ort mit der Wurzel nach unten aufhängen, vor direktem Sonnenlicht schützen, trocknen lassen. Bewahren Sie die Alraune in einem Schränkchen oder auf dem Kaminsims auf und sie wird Ihnen bei Ihren Wünschen, insbesondere in Liebesdingen und Fruchtbarkeit, behilflich sein.

Jungfern im Grünen

Pflanzen Sie diese Blume im Garten, damit Ihr geliebter Mensch treu ist

Man nehme

Jungfer-im-Grünen-Samen oder -pflanzen

Der charmante volkstümliche Name wurde zwei unterschiedlichen Pflanzen verliehen, die jedoch eng miteinander verwandt sind. Die erste, *Nigella damascena* ist eine anmutige, feenhafte Blume, die überwiegend zu dekorativen Zwecken angebaut wird. Sie ist einjährig und wächst jedes Jahr neu aus ihrem Samen. Ihre hübschen kobaltblauen Blüten sind umgeben von tief eingeschnittenen Blütenblättern. Die feinen samtartigen Blätter verweben sich zu einem wundervoll nebelartigen Gebilde. Der gekrönte attraktive Samenstand wird gerne in Trockenblumenarrangements verwendet und die Samen können auf Brot oder Plätzchen gestreut werden. Ihre Schwester, mit der sie den Namen teilt, ist *Nigella sativa*. Auch diese Pflanze bezaubert durch hübsche, meist purpurfarbene Blüten, wartet jedoch mit weniger filigran anmutendem Blattwerk auf. Beide Blumenarten säen sich selber aus und sind winterhart, sodass sie in nördlichen Breiten wachsen. *Nigella damascena* wurde in Europa auch deshalb in Gärten angepflanzt, um die Treue des Partners zu sichern.

Rezeptur

Um sich die Treue Ihres Lieblings zu sichern, pflanzen Sie eine Jungfer im Grünen in den Garten. Sehen Sie gut nach ihr, denn blüht sie prächtig, ist Ihr Schatz Ihnen treu. Denken Sie daran, einige Samen aus dem Samenstand auf den Boden zu streuen. Gehen diese im nächsten Jahr auf, gilt dies als Zeichen für eine dauerhafte Beziehung.

Ein betörender Duft

Animalische Anziehungskraft

Tragen Sie einen betörenden Duft, um das Objekt Ihrer Begierde anzuziehen

Man nehme

Ätherische Öle von Bergamotte, Orange, Rose pur, Jasmin pur, Patchouli, Vanille, Myrrhe, Galbanum, Sandelholz und Muskatellersalbei

2 TL (30 ml) Traubenkernöl

dunkle Glasflasche

Viele Tiere produzieren charakteristische Düfte, um ihr Territorium zu markieren und Weibchen anzulocken. Einige dieser Düfte sind seit langem als Ingredienzien für Parfums und als Aphrodisiaka sehr begehrt. Extrakte der Duftdrüsen des Moschustiers, eines kleinen, in Tibet und China heimischen Tieres, der afrikanischen Zibetkatze sowie des kanadischen und sibirischen Bibers wurden Jahrhunderte für diesen Zweck verwandt. Mancherorts wurde der stark erregende Duft des Moschus für moralisch verwerflich gehalten. Papst Pius der Gläubige drohte den Händlern, die es vertrieben, mit der Exkommunikation und in England wurde dem Parlament ein Gesetz vorgelegt, wonach „die Ehen von Frauen, die das Heiratsversprechen unter der Verwendung von Moschus erreicht hatten, annulliert werden sollten". In den letzten Jahrzehnten hat die Parfumindustrie aufgrund des massiven Drucks von Tierschützern große Anstrengungen unternommen, diese tierischen Duftstoffe durch pflanzliche wie Muskatellersalbei und Tabak zu ersetzen. Heutzutage werden natürliche, nicht-tierische Duftstoffe eingesetzt um „Chypre" herzustellen, eine exotische Parfumkreation mit legendären Kräften. Hier eine Chypre-Mischung, die Sie selbst herstellen können.

Rezeptur

Mischen Sie je 2 Tropfen der ätherischen Öle von Bergamotte, Orange, Rose pur, Jasmin pur, Patchouli, Vanille, Myrrhe und Galbanum mit je 5 Tropfen Sandelholz und Muskatellersalbei in einer dunklen Glasflasche. Geben Sie das Traubenkernöl hinzu und vermischen Sie alles gut zu einem betörenden Parfumöl.

Das allerstärkste Parfum

KÖRPERLICHE LIEBE

Jeder schätzt eine sinnliche, sanfte Körpermassage und nur Weniges bereitet mehr Vergnügen, als die sanfte Berührung durch den geliebten Menschen. Die Massage ist eine Form, seine Liebe zu zeigen, Heilungsprozesse im Körper zu befördern, Freude zu bereiten sowie zu erregen und zu verführen.

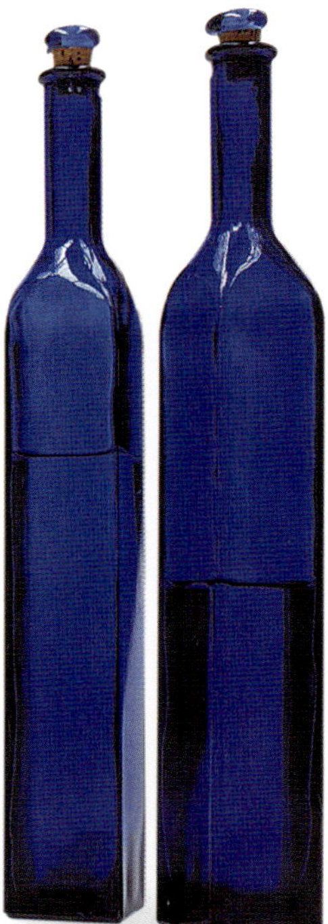

Flüchtige Öle

Das Vergnügen, von liebenden Händen auf der Haut berührt zu werden, wird durch Öle, besonders von mit ätherischen Essenzen vermischten, gesteigert. Die besten Massageöle sind reine Pflanzenöle. Die leichtesten sind Traubenkern- und Kokosnussöl. Süßmandelöl ist das beste Trägeröl; Avocado- und Olivenöl sind etwas schwerer, aber genauso gut geeignet. Öle pflanzlicher Herkunft haben jedoch den Nachteil, dass sie nicht latexfreundlich sind. Eine wundervolle Alternative ist Ghee, eine Art asiatisches Butterschmalz, das von der Haut gut absorbiert wird. Auch Jojoba und Kakaobutter sind reichhaltig und dringen leicht in die Haut ein.

Werden ätherische Öle mit einem Trägeröl vermischt und in die Haut einmassiert, gelangen sie so in den Körper und haben eine erstaunlich entspannende und sinnliche Wirkung. Zu den Essenzen, die am meisten wegen ihrer die Libido verstärkenden Wirkungen gerühmt werden, gehören Ylang Ylang, Sandelholz, Jasmin, Muskatellersalbei, Rosen, Bergamotte und Zimt.

Eine sinnliche Massage

Machen Sie sich keine unnötigen Gedanken, wenn Sie in der Massage nicht erfahren sind. Sie werden erstaunt sein, wie leicht es ist, tiefe Gelassenheit zu vermitteln und Vergnügen zu schenken. Erwärmen Sie Ihre Hände vor der Massage in einer Schüssel mit warmem Wasser. Vergewissern Sie sich, dass Ihr Partner bequem liegt und der Raum gemütlich und warm ist. Tröpfeln Sie etwas Öl auf die Schultern und massieren Sie es sanft in die Haut ein. Lassen Sie Ihre Finger streichelnd an den Konturen des Körpers entlang gleiten. Genießen Sie das prickelnde Gefühl in Ihren Fingerspitzen und die liebevolle Berührung. Streichen Sie mit den Händen über den gesamten Körper von den Fingerspitzen bis zu den Zehen, wobei Sie die erogenen Zonen aussparen. Setzen Sie die Massage auf der anderen Körperseite fort. Sollten die Gefühle von Entspannung zu Erregung umschlagen, können Sie die Massage vorzeitig beenden. Es ist jedoch eine äußerst reizvolle Erfahrung, zunächst unbeirrt jeden Zentimeter des Körpers zu massieren, bevor die Dinge eine andere Wendung nehmen.

Kapitel vier

Liebes-tränke

Liebestränke sind geheime Mixturen, die verführen und erregen. Ihre Kraft stammt aus den Essenzen der natürlichen Aphrodisiaka, die meist unter Beigabe von reinem Alkohol in hoher Konzentration gewonnen werden. In Alkohol aufgelöste Essenzen nimmt unser Körper schneller auf. Richtig dosiert kann Alkohol Unsicherheiten und Ängste abbauen und das Gefühl und die Attraktivität steigern. Er kann uns auch helfen, die besten Liebestränke zu brauen.

African Queen

Ein süßer Likör aus Afrika, zum Stimulieren und Erregen

Man nehme

1 EL (15 ml) Wodka

2 EL (30 ml) Cointreau

6 EL (90 ml) Amarula Cream

Eiswürfel

Vanilleeiscreme (nach Belieben)

Mixer

In den Weiten Afrikas wächst ein wilder Baum. Sein wissenschaftlicher Name ist *Sclerocarya birrea*. Weitaus bekannter ist er als Marula-Baum. Im afrikanischen Hochsommer verfärben sich die olivgrünen, pflaumengroßen Früchte des Baumes in ein goldenes Gelb. Ihr tropischer Duft erfüllt die warme Sommerluft und lockt die unterschiedlichsten wilden Tiere von weither an. Tagelang wandern vor allem Herden trompetender Elefanten, um sich an den Früchten ausgiebig zu laben. Dies hat dem Marula-Baum auch den Namen „Elefantenbaum" gegeben. Die weiblichen Beerenbäume tragen exotisch schmeckende Früchte, die viermal so viel Vitamin C enthalten wie eine Orange. Die ihm zugeschriebenen stark aphrodisischen Eigenschaften machen den Marula-Baum zu einem zentralen Motiv vieler Fruchtbarkeitsriten afrikanischer Stämme. Er wurde als „Heiratsbaum" überliefert und noch heutzutage finden viele ländliche Hochzeitszeremonien unter seinen fruchtbaren Zweigen statt. Aus diesem mytischen Baum wird ein hervorragender Likör gemacht Amarula Cream. Dieser Likör ist gehaltvoll, angenehm weich und delikat sowie leicht erhältlich. Gleichwohl ob pur oder auf Eis genossen, er ergibt ein hervorragendes Getränk.

Rezeptur

Mischen Sie Wodka, Cointreau, Amarula Cream und 2-3 Eiswürfel im Mixer, bis das Ganze cremig wird. Füllen Sie das Getränk in ein Glas und garnieren Sie es mit geriebener Muskatnuss. Sie können daraus auch einen wunderbaren Milchshake machen, indem Sie ein paar Bällchen Vanilleeis hinzufügen.

Karibische Kreuzfahrt

Ein exotischer Liebessaft von den sonnigen karibischen Inseln

Man nehme

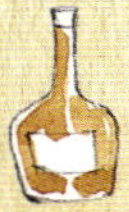

1 Flasche (0,7 l) dunklen karibischen Rum

Bois bandé-Rinde

Mangosaft

Limonensaft

Bois bandé, französisch das „aufgerichtete Holz", ist der landläufige Name einer karibischen Baumart *(Richeria garndis)*, die auf den Inseln wegen ihrer aphrodisischen Wirkung sehr bekannt ist. Die in Streifen abgerissene Rinde wird in Rum eingelegt oder getrocknet für Infusionen verwendet. Aus Bois bandé werden kommerziell verschiedene Rumsorten hergestellt, aber es macht weitaus mehr Vergnügen, hat eine stärkere Wirkung und ist wohl auch billiger, seinen eigenen Bois-bandé-Rum anzusetzen. Erwähnt werden sollte, dass es keine wissenschaftlich gesicherten Berichte über die Effektivität oder Toxidität von Bois bandé gibt. Mit Sicherheit lässt sich jedoch sagen, dass bislang keine negativen Nebenwirkungen bekannt sind, obgleich das Getränk seit Jahrhunderten auf den Inseln konsumiert wird. Das folgende Rezept ist das gängige und der Mangosaft wird keineswegs nur wegen seines Wohlgeschmacks hinzugefügt. Mangos selbst gelten als hoch erotisch und die Verwendung von Mangoöl als Liebeszauber ist durchaus anerkannt.

Rezeptur

Gießen Sie 4 EL (60 ml) aus der Rumflasche und füllen Sie die Flasche mit Stücken von Bois-bandé-Rinde. Schließen Sie die Flasche und lassen Sie das Ganze mindestens 3 Wochen an einem warmem dunklen Platz ruhen. Mischen Sie daraus mit frischem Mangosaft und einem Spritzer Limone versetzt einen exotischen Insel-Liebessaft.

Die Grüne Göttin

Die Ingredienzien dieses amourösen Getränks waren Jahrhunderte ein Geheimnis

Man nehme

1 EL (15 ml) grünen Chartreuse für eine Champagnerflöte

Champagner

Champagnerflöten

Seit Jahrhunderten werden Pflanzenliköre aus den Essenzen verschiedener Pflanzen, ursprünglich nur als belebende Herzmittel, hergestellt. Die weltweit berühmtesten Liköre sind die verschiedenen Sorten des Chartreuse. Im 17. Jahrhundert übergab der Maréchal d'Estrées dem Kloster von Grand Chartreuse ein bereits uraltes Manuskript, das die geheime Formel eines Elixiers, das ein langes Leben versprach, enthielt. Die Mönche gaben das Elixier als Medizin an die Menschen im Ort weiter. Sein Ruf verbreitete sich in nah und fern, sodass sie das Rezept überarbeiteten und Honig hinzufügten, um es für die tägliche Anwendung besser verträglich zu machen. 1745 war das Geburtsjahr des grünen Chartreuse, der auch heute noch in der gleichen Art und Weise hergestellt wird. Über die Herstellung wissen wir nur, dass die komplexe Formel 130 Bestandteile, fast alle pflanzlicher Natur, und Hinweise enthält, wo und wann es die Kräuter zu pflücken gilt. Das Rezept ist leider geheim und nur drei Mönchen bekannt. Bekannt ist jedoch, dass es keine künstlichen Bestandteile und 55% Alkohol enthält. Mysteriös, berauschend und köstlich zugleich hat dieser Trank sich einen Ruf für seine subtil stimulierende und erregende Wirkung erworben. Diese Qualitäten werden noch weiter gesteigert, wenn man ihn mit dem weltweit beliebtesten Aphrodisiakum, dem Champagner, mischt.

Rezeptur

Grünen Chartreuse in eine Champagnerflöte gießen, mit gekühltem Champagner auffüllen und das prickelnde Entzücken genießen.

Versiegelte Seiten

Love Potion Number 9

Ein machtvoller Liebestrunk, der auf den erotischen Energien der Venus beruht

Man nehme

1

5 g Damiana

7 g Muira Puama

15 g Zwergpalmenbeeren

15 g Koriandersamen

1 EL (15 ml) Erbeeressig

100 ml hochprozentigen Alkohol

30 g Honig

Zimtessenz

Vanilleessenz

Mörser und Stößel

Glaskrug und Trichter

Kaffeefiltertüten

dunkle Glasflasche

Dieser kraftvolle Liebestrank kombiniert neun Bestandteile, darunter drei der stärksten bekannten Aphrodisiaka aus Kräutern: Damiana, Yohimbe und Zwergpalme. Der Trank sollte in jeder Phase an einem Freitag, dem Tag der Venus, zubereitet werden, um von den Energien dieses Planeten der Liebe zu profitieren. Die ideale Zeit für die Zubereitung ist, wenn die Sonne im Stier steht, da dieser von Venus regiert wird und der Frühling traditionell die Zeit für Fruchtbarkeitsriten und des Ansteigens der sexuellen Energien ist.

Rezeptur

Bei Sonnenaufgang am ersten Freitag des Neumondes getrocknetes Damiana, Muira Puama, Zwergpalmenbeeren und Koriandersamen zu Pulver zerstoßen, die zerstoßenen Kräuter in einen Glaskrug füllen, den Erdbeeressig mit dem Alkohol mischen und, falls erforderlich, weiteren Alkohol zugießen, um die Kräuter zu bedecken. Den Krug verschließen und das Ganze an einem warmen dunklen Ort ruhen lassen. 14 Tage später am Freitagmorgen bei Sonnenaufgang die Mixtur durch einen Trichter mit einem Kaffeefilter seihen. Die im Filter verbliebenen Rückstände mit dem Rücken eines Holzlöffels auspressen, um auch die letzten Tropfen zu gewinnen. Den Honig in eine Tasse geben und im heißen Wasserbad erwärmen, dann zu der gefilterten Lösung hinzufügen und mit Zimt- und Vanilleessenz geschmacklich anreichern. Das Ganze in eine dunkle Glasflasche abgießen. 3 TL (15 ml) in ein Glas warmes Wasser geben und einnehmen. Um eine größere Wirkung auf die Libido zu erzielen, 3 Monate lang zweimal täglich während des zunehmenden Mondes 7 Tropfen in Wasser nehmen.

Dschungeln-Liebestrank

Ein intensiver Trank zur Stimulation des Verlangens

Man nehme

Passionsfruchtsaft

15 g Catuaba

15 g Muira Puama

15 g Guarana

1 Flasche (0,7 l) weißen Rum

Die Tupi-Indianer im brasilianischen Regenwald loben vor allem eine Pflanze wegen ihrer Gabe, das Verlangen wiederherzustellen oder zu erhalten: die Catuaba. Catuaba fördert die Manneskraft so effektiv, dass die Indianer sagen: „Bis der Vater 60 ist, sind die Kinder von ihm. Danach sind es die Kinder von Catuaba." Catuaba ist wegen seiner Wirksamkeit gegen Bakterien und Viren auch ein Heilmittel und wirkungsvoller Schutz vor Krankheiten. Vor allem aber dient es als Liebesmittel. Ein anderes berühmtes Kraut Amazoniens, Muira Puama – ebenfalls ein Liebesmittel – ergänzt sich sehr gut mit Catuaba. Auch Muira Puama hat viele bemerkenswerte heilende Wirkungen, wird jedoch überwiegend gegen Impotenz, Unfruchtbarkeit und Menstruationsstörungen eingesetzt. Viele Untersuchungen haben den Ruf von Muira Puama bestätigt. Es muss sorgsam zubereitet werden, um all seine Wirkstoffe freizusetzen. Wenn man Muira Puama und Catuaba mit einer anderen Wunderpflanze aus Amazonien, mit Guarana, mischt, werden die Auswirkungen auf die Libido noch verstärkt Guarana fördert die geistige Beweglichkeit und stimuliert das Verlangen. Zusammengebraut ergeben diese Pflanzen einen wirkungsvollen Liebestrank.

Rezeptur

Catuaba, Muira Puama und Guarana in einen Topf mit einem fest schließenden Deckel füllen. Die Hälfte des weißen Rums darüber gießen, verschließen und langsam bis knapp unter den Siedepunkt erhitzen. 20 Minuten lang köcheln lassen. Wieder in die halbvolle Rumflasche füllen, mit Passionsfruchtsaft mischen und genießen.

Hirschgeweih

Ein kraftvolles Energietonikum, das Ihr sexuelles Verlangen steigert

Man nehme

30 g amerikanischen Ginseng, in Pulverform

30 g Rothirsch-Geweih, gemahlen

Trauben-Branntwein

Glaskrug

dunkle Glasflasche

Die Chinesen haben schon immer Teile bestimmter Tiere als wirkungsvolle Heilmittel geschätzt. Unglücklicherweise hat die Nachfrage nach tierischen Medikamenten und Potenzmitteln dazu geführt, dass bestimmte Arten wie Tiger und Rhinozeros trotz aller Anstrengungen, sie vor den Wilderern zu schützen, von der Ausrottung bedroht sind. Einer der wichtigsten tierischen Stoffe, aus dem Medikamente hergestellt werden, ist das Hirschgeweih, das problemlos zur Verfügung steht, da dem Hirsch jedes Jahr ein neues Geweih wächst. Hirsche werden in vielen Ländern, insbesondere in Neuseeland, in großen Mengen gezüchtet, um die Nachfrage zu befriedigen. Hirschgeweih ist ein kräftiges Tonikum des Yang (männliche Energie). Es wirkt gegen Impotenz, Frigidität, Unfruchtbarkeit, vorzeitigen Samenerguss und Hormonmangel bei Männern und bei Frauen. Eines der stärksten energetischen Tonika und einer der kraftvollsten Libido-Verstärker ist Rothirschgeweih gemischt mit amerikanischem Ginseng. Der Ginseng erhält und ergänzt nämlich die Wirkstoffe des Geweihs.

Rezeptur

Amerikanischen Ginseng und Rothirschgeweih in einen Glaskrug geben und mit der doppelten Menge Weinbrand übergießen, die erforderlich ist, um das Pulver zu bedecken. Verschließen und 2 Wochen lang an einem warmen und dunklen Ort aufbewahren. In eine dunkle Glasflasche abfüllen. Diese Flüssigkeit kann als Libidotonikum eingenommen werden, 2 TL (8 ml) zweimal täglich, aber nur während des zunehmenden Mondes; oder, gelegentlich, als Liebestrunk 2 EL (30 ml) pur oder mit Wasser gemischt.

Yin-Yang-Houa-Wein

Ein Tonikum, um Ihren Appetit auf Liebe anzustacheln

Man nehme

70 g Yin Yang Huo

40 g Zwergpalme oder Dong Quai

40 g Yohimbe

40 g Damiana

40 g chinesischen Ginseng, in Pulverform

30 g Süßholzwurzel, geraspelt

3/4 l Wasser

1,4 kg Honig

1 TL (5 ml) Weinhefe

5-l-Glas-Behälter

Glasballon, Korken und luftdichte Kapsel

Weinflaschen, Korken

Die außergewöhnlichen Qualitäten von Yin Yang Huo (*Epimedium sagittatum*), Damiana (*Turnera aphrodisiaca*) und Yohimbe (*Corynanthe yohimbe*) als Aphrodisiaka wurden in dem Kapitel „Die Geheimnisse der Aphrodite" dargelegt. In diesem uralten chinesischen Rezept werden sie für einen Trank verwendet, der besonders bei Frauen seine kraftvolle Wirkung entfaltet. Das gleiche Rezept kann auch für Männer genutzt werden, indem man die Zwergpalme durch Dong Quai ersetzt. Die Zubereitung beginnt man am besten bei Sonnenaufgang am ersten Freitag nach Neumond.

Rezeptur

Yin Yang Huo, Zwergpalmen oder Dong Quai, Yohimbe, Damiana, chinesischen Ginseng und Süßholzwurzel in einen Topf mit Wasser füllen. Topf schließen, zum Kochen bringen und 15 Minuten lang leicht simmern lassen. 10 Minuten lang abkühlen lassen und dann den Honig hinzufügen. Umrühren, bis der Honig sich aufgelöst hat. Auf Raumtemperatur abkühlen lassen (18 bis 24 °C) und die Weinhefe hinzufügen. Mit einem Tuch bedecken und einige Tage fermentieren lassen, dann in einen Glasballon umfüllen und fest mit einem Korken und der luftdichten Kapsel verschließen. Wenn das Gebräu aufgehört hat zu schäumen, ist die Gärung abgeschlossen. Abseihen und in Weinflaschen, die gewaschen und 5 Minuten lang in Wasser gekocht wurden, abfüllen, danach verkorken. Der Wein sollte ungefähr ein Jahr halten, aber je früher er konsumiert wird, umso besser. Als Tonikum ein halbes Glas dreimal täglich trinken. In leidenschaftlichen Nächten können Sie etwas hemmungsloser sein, aber seien Sie gewarnt: Es ist ein starkes Gebräu.

FREUDENSTAB

Ein Gebräu, das sich direkt auf die erogenen Zonen auswirkt

MAN NEHME

Selleriesaft

Tomatensaft

Worcestersauce

trockenen Sherry

Orangensaft

Selleriesalz

weißen Pfeffer

Salz

Tabascosauce

Wodka

Selleriestangen

In Europa ist Sellerie schon seit Urzeiten als Aphrodisiakum gerühmt worden. Bis vor kurzem haben Wissenschaftler jedoch angenommen, dass der lang andauernde Ruf des Sellerie als Libido-Verstärker wohl mehr auf seine unbestimmte phallische Gestalt als auf seine tatsächlich anregenden Wirkungen zurückzuführen sei. Nun aber scheint es, dass unsere Vorfahren Recht hatten. Sellerie stimuliert nämlich die Hirnanhangdrüse, welche die Sexualhormone im Körper freisetzt. Er enthält darüber hinaus komplexe Öle, die anregende Effekte auf das Geruchszentrum und die sexuellen Zentren im Gehirn haben sollen. Es gibt sogar Berichte darüber, dass er in kleinen Mengen „Methaqualone" enthält, die berüchtigte Liebesdroge, die in den USA während der 70er-Jahre (unter dem Namen Quaalude) sehr beliebt war. Falls Sellerie wirklich diese Substanz enthält, können Sie sicher sein, dass die Menge minimal ist. Er kommt dem Ruf des Sellerie durchaus entgegen. Auch den Tomaten wird von manchem eine anregende Wirkung zugeschrieben, was erklären würde, dass sie früher „Liebesäpfel" genannt wurden. Sellerie- und Tomatensaft passen perfekt zusammen, um eine ganz andere Bloody Mary zu zaubern.

REZEPTUR

Sellerie- und Tomatensaft zu gleichen Teilen in einem Glas mit einigen Spritzern Worcestersauce, einem Schuss trockenen Sherry und einem Schuss Orangensaft, einer Prise Selleriesalz sowie mit weißem Pfeffer, Salz und Tabascosauce mischen. In große Gläser auf Wodka und Eis gießen und mit einer Selleriestange garnieren.

El Jeque

Ein erotisches Mittel aus Mexiko, das Ihre Leidenschaft erhöht

Man nehme

1 Flasche kalifornischen Rotwein

30 g Damianablätter

2–3 getrocknete, rote Chilies

Eines der stärksten Aphrodisiaka stammt aus Mexiko. Die Azteken und andere eingeborene Stämme benutzten sowohl einheimische Kräuter, um die schlaffe Libido zu beleben und zu erhalten, als auch reichlich Chilies, um ihre Mahlzeiten zu würzen. Chilies können im menschlichen Körper Wohlfühl-Reaktionen freisetzen. In der Vergangenheit benutzten die Mexikaner viele andere wirksame Pflanzen zu heiligen und amourösen Zwecken. Die meisten davon sind jedoch heute verboten oder viel zu gefährlich, als dass man sie empfehlen könnte. Heutzutage begnügen sich die meisten Mexikaner mit einer Unmenge Getränke aus einer ebenso erstaunlichen wie verwirrenden Vielfalt von Früchten und Pflanzen, wie z. B. den stacheligen Agaven, aus denen Pulque, Mescal und Tequila hergestellt werden. In Oaxaca fügen sie einen „Wurm" zum Mescal hinzu, der sich von der Agave ernährt, und sie glauben, er habe eine anregende Wirkung. Das bekannteste Aphrodisiakum des Landes, ist dank seiner Zuverlässigkeit aber Damiana *(Turnera aphrodisiaca)*. Hier nun eine Möglichkeit, dieses wundervolle Kraut als wohlschmeckendes Getränk zu sich zu nehmen. Es wird „el jeque" genannt, was im Spanischen „der Scheich" bedeutet.

Rezeptur

Gönnen Sie sich ein halbes Glas kalifornischen Rotwein – Merlot oder Shiraz zum Beispiel (vergewissern Sie sich, dass die Flasche einen Korken hat). Dann die Flasche mit Damiana-Blättern und 2-3 getrockneten roten Chilies füllen. Sorgfältig verschließen und eine Woche lang an einem warmen Platz aufbewahren

Eine erotische Erfrischung

Bella Margarita

Ein lasziver Cocktail, der Ihren Durst nach Liebe garantiert löscht

Man nehme

Silber-Tequila

Limonensaft

Triple-sec-Orangenlikör

Crema de Damiana

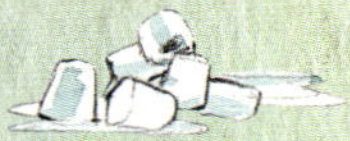

Eis

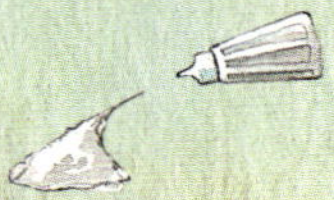

Salz

Cocktails trank man in den USA zuerst während der Prohibition. Danach traten sie ihren Siegeszug rund um die Welt an. Sie repräsentieren Glamour, Savoir Vivre, Lässigkeit und Spaß. Als Mittel wechselseitiger Verführung sind sie konkurrenzlos. Einer der berühmtesten Cocktails der Welt ist der Margarita. Niemand weiß sicher, wie er seinen Namen erhalten hat, wir wissen aber, dass er in den 40er-Jahren zum ersten Mal in Mexico City und Acapulco auftauchte. Das Rezept ist in aller Welt bekannt. Die Bestandteile sind Tequila, Limonensaft und Triple sec. Einige Experten behaupten jedoch, die ersten Margaritas seien mit Damiana-Likör und nicht mit Triple sec gemacht worden – Damiana *(Turnera aphrodisiaca)* ist Mexikos beliebteste aphrodisische Pflanze. Beschaffen Sie sich eine Flasche Crema de Damiana (oder stellen Sie ihn selber nach dem Rezept auf Seite 116 her), und Sie haben die geheime Zutat, um einen der ältesten Liebestränke der Welt herzustellen. Scheuen Sie sich nicht, es mit zerstoßenem Eis zu mixen – es ist kein Kinderkram.

Rezeptur

Für den besten Margarita in der Stadt 3 Teile Silber-Tequila, 3 Teile Limonensaft und 1 Teil Triple-sec-Orangenlikör (am besten Cointreau) mit 1 Teil Crema de Damiana mixen. Mit Eis schütteln und in ein gekühltes Glas mit gesalzenem Rand füllen. Trinken Sie nicht zu viel davon, ehe Sie zur Sache kommen.

Der aufdringliche Likör

Crema de Damiana

Seit uralten Zeiten die Geheimwaffe der mexikanischen Lover

Man nehme

30 g Damiana-Blätter

2 Tassen (500 ml) Aguardiente oder Tequila

200 ml Quellwasser

400 g Honig

Glaskrug

Glasflasche

Damiana *(Turnera aphrodisiaca)* ist, zusammen mit der Schokolade, seit den Zeiten der Azteken Mexikos liebstes Aphrodisiakum. Dieser kleine, attraktive Strauch wächst wild in ganz Mexiko. Nun, da er in aller Welt medizinisch genutzt wird, wird er in großem Stil angebaut. Es gibt viele Möglichkeiten, Damiana zu sich zu nehmen, den meisten Spaß macht es jedoch mit Alkohol Es gibt einen köstlichen Likör mit Namen „Crema de Damiana" (auch „Licore de Damiana" genannt), der in Flaschen verkauft wird, die wie der Torso einer schwangeren Frau geformt sind – nach einer Fruchtbarkeitsgöttin, wahrscheinlich Mayahuel, der hoch erotischen aztekischen Göttin der aphrodisischen Pflanzen und des Rausches. Traditionell wird frisch Verheirateten wegen ihrer anregenden Wirkung eine Flasche Crema de Damiana für die Flitterwochen geschenkt. Hier das Rezept für Ihre eigene Crema Damiana.

Rezeptur

Die Damiana-Blätter in einen Glaskrug füllen und mit Aguardiente oder Tequila bedecken. Den Krug verschließen und 10 Tage an einem warmen dunklen Ort aufbewahren. In eine Flasche schütten und die Blätter in den Krug zurückgeben. Mit Quellwasser bedecken und 2 Tage stehen lassen. Das Wasser in einen Topf gießen und sanft erhitzen. Den Honig im Wasser auflösen. Das Wasser abkühlen lassen und in die Flasche mit dem Alkohol-Extrakt abfüllen. Dieser Trunk wird mit der Zeit besser, also mindestens einen Monat stehen lassen. Während dieser Zeit wird er kristallklar. Abgießen und den Bodensatz abseihen. Pur oder auf Eis trinken.

AYCURA
QUEUR de
MIANA
PORTED
by Volume

Kava Kava

Ein sanftes Tonikum, das die Magie der polynesischen Inseln in sich birgt

Man nehme

30 g Kava-Kava-Wurzel

2 Tassen (500 ml) Milch

Zitronengras

frische Ingwerwurzel

Honig

Als Captain Cook das erste Mal auf den polynesischen Inseln landete, trauten er und seine Männer ihren Augen nicht, wie offen und unschuldig die schönen Inselbewohner, insbesondere in Liebesdingen, waren. Die Männer waren den Frauen der Insel im Nu verfallen und waren so angetan von ihnen, dass es Ihnen trotz der Todesgefahr äußerst schwer fiel, fortzugehen. Eines der Geheimnisse der Inselbewohner war ein sehr spezielles Gebräu mit Namen Kava Kava. Es war ein heiliges Getränk und der Mittelpunkt ihres sozialen und kulturellen Lebens. Es wurde und wird noch immer aus den riesigen Wurzeln des Kava-Kava-Strauches zubereitet. Kava Kava zu trinken ruft einen ruhigen und freundlichen Gemütszustand hervor, der zu einem tiefen, traumlosen Schlaf ohne Katzenjammer führt. Kein Wunder, dass sein Ruf im Westen zunehmend gewachsen ist. Das Gebräu wird von Liebenden, die seine beruhigenden, sanft stimulierenden Eigenschaften schätzen, gern gemeinsam genossen.

Rezeptur

Die Kava-Kava-Wurzel in Pulverform unter die Milch mischen. Zitronengras und einige fein geschnittene Scheiben frischer Ingwerwurzel hinzufügen. Leicht erhitzen und 10 Minuten ziehen lassen, gelegentlich umrühren. Nicht kochen. Nach Belieben mit Honig süßen und sich darauf vorbereiten, sich bald mit dem geliebten Menschen zu beschäftigen.

Der erotischste Trunk

Absinth: Die Grüne

Absinth hat einen legendären Ruf als gefährlich entkräftender Schnaps erworben, war aber dennoch unter den Bohème-Künstlern und -Schriftstellern im Europa des 19. Jahrhunderts beliebt. Während des Ersten Weltkriegs wurde er in vielen europäischen Ländern verboten.

FEE

Der Liebling der Bohème

Absinth entstand im späten 17. Jahrhundert in der Schweiz als medizinisches Elixier aus verschiedenen Kräutern darunter Sternanis, Wermut, Ysop, Fenchel, Zitronenmelisse, Koriander, Kamille und Ehrenpreis. Die lateinische Bezeichnung für Wermut, *Artemisia absinthium*, gab ihm seinen Namen. Das Getränk wurde schnell als Aperitif bekannt und in den 50er-Jahren des 19. Jahrhunderts tranken die Franzosen mehr Absinth als Cognac. Um diese Zeit wurde er zum ständigen Begleiter radikaler Bohème-Künstler wie Baudelaire und Rimbaud, welche die bürgerliche Gesellschaft durch ihre Experimente mit Opium und Haschisch schockierten. Diese Dichter besangen den Absinth als schöpferische Muse und Befreier in Preisliedern.

Zerstörer oder Befreier?

Obwohl viele ihn liebten, waren andere der Meinung, Absinth sei eine hoch gefährliche Droge und bald wurden ihm zerstörerische Wirkungen zugeschrieben. Problematisch war, dass er ebenso billig wie stark war, so um die 70% Alkoholgehalt hatte. Außerdem stimuliert einer seiner Bestandteile das zentrale Nervensystem und kann dieses bei häufigem Genuss schwer schädigen. Moderat getrunken, ist Absinth jedoch ein wundervoller Liebestrank, der sowohl die Zuneigung fördert wie auch die Fantasie befreit. Sein gefährlicher Ruf erhöht noch den Nervenkitzel.

Eine sichere und köstliche Variante

Absinth ist in den USA und einigen anderen Ländern verboten. Man kann aber selbst ein recht ähnliches Gebräu herstellen. Einfach je 15 g Fenchelsamen, Anissamen, Ysop, Zitronengras und Damiana in einen 1-l-Krug zusammen mit 7 g Wermut füllen. Mit 0,7 l Wodka bedecken, verschließen und für 2 Wochen an einen dunklen, warmen Ort stellen und gelegentlich schütteln, dann schließlich abseihen und in eine Flasche füllen. Mit Eis und Wasser trinken und in den romantischen Gefühlen der alten europäischen Bohème schwelgen.

GLOSSAR

Absinth Ein starker mit Anis gewürzter Pflanzenlikör, der Wermut enthält. In den USA und anderen Staaten verboten.
Acker-Schachtelhalm *(Equisetum arvense)* Dieser Farn wächst in der gesamten nördlichen Hemisphäre und wird seit Jahrhunderten in der Medizin verwendet.
Aguardiente Ein klarer mexikanischer Schnaps, der aus Zuckerrohr destilliert wird. Im Handel erhältlich.
Akelei *(Aquilegia vulgaris)* Eine europäische Wildblume, inzwischen eine beliebte Gartenpflanze.
Alraune *(Mandragora officinarum)* Eine mysteriöse und seltene Pflanze aus Europa, die Eingang in Mythen und Volksglauben gefunden hat. Nicht mit der amerikanischen Alraune (Mandrake) verwechseln.
Anemone *(Anemone spp.)* Eine Pflanzenart aus der Gattung der Butterblumen.
Anis/Anissamen *(Pimpinella anisium)* Die aromatischen Samen einer Pflanze aus dem mittleren Osten.
Beifuß, gewöhnlicher *(Artemisia vulgaris)* Ein europäisches Medizinkraut. Seine aromatischen Blätter werden benutzt, um reale oder spirituelle Räume zu reinigen.
Bergamottenbaum *(Citrus bergamia)* Ein Verwandter der Orange. Aus ihrer Rinde wird ein ätherisches Öl gewonnen.
Besenginster *(Cytisus scoparius)* Eine große blühende Staude. In der Medizin als Herzmittel verwendet.

Bohnenkraut *(Satureja hortensis)* Ein Küchenkraut, das als Aphrodisiakum gilt.
Bois bandé *(Roupala montana)* Eine Art der karibischen Gommai-Bäume.
Catuaba *(Anemopaegma mirandum)* Ein als Aphrodisiakum verwendetes Kraut aus Amazonien.
Chartreuse, grüner Ein klassischer Kräuterlikör, der seit dem 18. Jahrhundert von Kartäusermönchen nach einem geheimen Rezept hergestellt wird.
Chypre Amerikanische Bezeichnung für exotische Parfums. Ursprünglich aus verschiedenen Ingredienzien aus Zypern hergestellt.
Cilantro Siehe unter Koriander
Damiana *(Turnera diffusa, aphrodisiaca)* Strauch, den man in Mexiko und dem Süden der USA finden kann.
Dong quai *(Angelica sinensis)* auch „dang gui" geschrieben und unter dem Namen chinesische Angelika oder Engelwurz bekannt, ein wichtiges Kraut gegen Frauenbeschwerden.
Eibisch, echter *(Althea officinalis)* Auch Althee, ein ursprünglich in Europa beheimatetes medizinisches Kraut, das auch in den USA heimisch geworden ist.
Eisenhut *(Aconitum napellus)* Eine europäische Gartenblume. Die Wurzeln enthalten ein Aconitin genanntes Gift, das für medizinische Zwecke verwendet wird.
Eisenkraut *(Verbena officinalis)* Ein in Europa und den USA beheimatetes Heilkraut. Während der Blütezeit am wirksamsten. Wird als Liebeszauber verwendet.
Fenchel *(Foeniculum vulgare)* Eine Art aus der Gattung Doldengewächse. Die Knolle wird gegessen und die Samen werden als Gewürz verwandt.
Flachs *(Linum usitatissimum)* Eine mittelgroße Pflanze mit schönen blauen Blüten. Wird kommerziell als Rohstoff für Leinen und Leinsamen angebaut.

Frauenmantel *(Alchemilla vulgaris)* Tonikum für die weiblichen Fortpflanzungsorgane.
Frauenschuh *(Cypridium parviflorum, var. pubescens)* Eine stachelige Art aus der Gattung der Orchideen. Auch als amerikanischer Baldrian bekannt.
Galbanum *(Ferula galbaniflua* auch *Gummosa)* Ein kleines ganzjähriges im nördlichen Kleinasien beheimatetes Kraut. Sein Harz wird in Parfums genutzt.
Ginseng, amerikanischer *(Panax quinquefolium)* Ein naher Verwandter des chinesischen Ginseng, der als etwas milder gilt.
Ginseng, asiatischer *(Panax ginseng)* Der „originale" Ginseng, dessen Wurzel in China als universales Heilmittel und mildes Stimulanz hoch angesehen ist.
Gewürznelke *(Eugenia caryophylus)* Die getrockneten Blütenknospen des Gewürznelkenbaumes. Werden als starkes und scharfes Gewürz verwendet.
Gottesgnadenkraut *(Gratiola officinalis)* Eine europäische Blume, die früher in der Medizin verwendet wurde.
Guarana *(Paullinia cupara)* Eine Pflanze aus Amazonien, deren Samen das sexuelle Verlangen steigern können.
Hafer, gemeiner *(Avena sativa)* Die unreifen (grünen), milchigen Körner dieses Getreides sind ein wertvolles Libidotonikum.
Hefe Ein Pilz, der verwendet wird, um Brot aufgehen und mit Zucker Alkolhol gären zu lassen.
Herzgespann *(Leonurus cardiaca)* Eines der klassischen Kräuter in der Frauenheilkunde. In Europa heimisch aber auch in den Gärten der USA weit verbreitet.
Immergrün *(Vinca minor/major)* Eine in Europa und den USA verbreitete blühende Pflanze die für medizinische Zwecke und als Liebeszauber verwendet wird.
Jasmin, echter *(Jasminum officiale)* Ein winterharter Jasminstrauch mit duftenden Blüten, die in Parfums und Aromatees verwendet werden.
Johanniskraut *(Sedum telephium)* Eine europäische Wildpflanze, die an schattigen Orten wächst.
Wird als Liebeszauber verwendet.
Jungfer im Grünen *(Nigella damascena)* Eine attraktive Blume mit blauen Blüten, in Teilen Europas und Asiens verbreitet. Ihre Samen werden zum Kochen und in der Medizin verwendet.
Kardamon *(Elettaria cardamomum)* Die Samen dieser Pflanze werden als delikates, aromatisches Gewürz gepriesen.
Kahlua Ein feiner Kaffee-Likör.
Kava-Kava *(Piper methysticum)* Die Wurzeln dieser Pflanze aus Polynesien werden dazu genutzt, ein Getränk mit euphorisierenden Kräften zu brauen.
Keuschlamm *(Vitex agnus-castus)* Die Samen dieses Strauches können zur Regulierung des Hormonhaushaltes verwendet werden.
Koka *(Erythoxylum coca)* Das Harz eines immergrünen Strauches in den südamerikanischen Anden, das seit Jahrhunderten als Medizin genutzt wird.
Kopal *(Copaifera lansdorfii)* Das Harz des südamerikanischen Kopaivabaumes. Wird in Lateinamerika als Weihrauch verwendet.
Koriander *(Coriandrum sativum)* Auch als Cilantro bekannt. Eine Art aus der Gattung der Doldengewächse. Die Samen werden als Gewürz verwendet.
Kreuzkümmel *(Cuminum cyminum)* Art aus der Gattung der Doldengewächse, mit Koriander (Cilantro) und Kümmel verwendet.
Kubebe *(Piper cubeba)* Scharfe, sehr würzige Pefferkörner, die in der indonesischen Küche häufig verwendet werden.
Küchenschelle *(Pulsatilla spp.)* Eine Gattung attraktiv blühenden europäischer Pflanzen.
Kümmel *(Carum carvi)* Eine Art aus der Gattung der Doldengewächse. Wird wegen seiner scharfen, aromatischen Samen angebaut.

Lavendel *(Lavandula angustifolia)* Ein aromatisches Kraut, dessen ätherisches Öl in der Aromatherapie verwendet wird. Es ist auch ein Antibiotikum und Insektizid. Die getrockneten Blüten werden in Aromatees verwendet.
Leinkraut, gemeines *(Linaria vulgaris)* Ein kleines bis mittelgroßes gelb blühendes Kraut in Europa.
Lilie *(Lilium spp.)* Eine Gattung von Blumen.
Lorbeerblatt *(Laurus nobilis)* Blatt des Lorbeerbaumes, wird gemeinhin als Gewürz verwendet.
Merlot Traubenart, aus der ein weicher Rotwein gleichen Namens hergestellt wird.
Moschus Eine Substanz, die vom Moschustieren produziert und als Parfum hoch gepriesen wird. Wird nunmehr synthetisch hergestellt.
Muira-Puama *(Liriosma ovata)* In Brasilien heimischer Baum. Seine Wurzeln werden als Aphrodisiakum und Tonikum verwendet. Auch als Potenzholz bekannt.
Muskatellersalbei *(Salvia sclarea)* Salbeiart. Deren ätherisches Öl wird in Parfums als Fixativ oder Moschusersatz verwendet.
Myrrhe *(Commiphora myrrha)* Ein aromatisches Harz, das in Tropfen von einem in Arabien heimischen Strauch abgesondert wird.
Nachtkerze, gemeine *(Oenothera biennis)* Europäische Blume. Das aus ihren Samen gewonnene Öl wird zur Behandlung der Haut verwendet.
Neroli *(Citrus aurantium)* Ein teures ätherisches Öl, das aus Pomeranzen hergestellt wird.
Olibanum Siehe unter Weihrauch

Orchidee *(Orchidaceae spp.)* Eine große Gattung von Blumen. Einige Arten werden wegen der Form ihrer Blüten als Aphrodisiaka angesehen.
Paradieskörner *(Aframomum melegueta)* Ein aromatisches Gewürz, das sowohl in der afrikanischen als auch in der karibischen Küche und als Aphrodisiakum verwendet wird.
Paris *(Paris quadrifolia)* Vierblättrige Einbeere, im englischen Sprachraum auch als „true love“ oder „true love knot“ (Liebesknoten) bekannt. Wird als Liebeszauber verwendet.
Patchouli *(Pogestemon patchouli)* Ein wohlriechendes tropisches Kraut. Sein ätherisches Öl wird in Parfums verwendet. In kleinen Dosen anregend und in größeren Dosen sedierend.
Pinienkerne Pinienkerne wurden lange Zeit als Aphrodisiaka angesehen.
Potenzholz Siehe unter Muira-Puama
Primel *(Primula vulgaris)* Eine blassgelbe in Europa heimische Frühlingsblume.
Queen's delight *(Stillingia sylvatica)* In den USA zu findende Euphorbiaceae, deren Wurzel als Hauttonikum verwendet wird.
Räucherstab Die getrockneten Blätter und Stängel von aromatischen Kräutern wie Salbei, Beifuß oder Lavendel werden in Bündeln zusammengebunden und als Räucher- oder Reinigungsmittel verbrannt.
Safran, echter *(Crocus sativus)* Die getrockneten Blütennarben dieser Krokusart produzieren einen gelblichen Farbstoff, der sowohl als Aphrodisiakum als auch als Gewürz und in der Medizin als Heilmittel verwendet wird.
Salbei, echter *(Salvia officinalis)* Ein Medizin- und Küchenkraut. Die Blätter und Stängel können getrocknet und verbrannt als Räucher- oder Reinigungsmittel verwendet werden.
Sandelholz *(Santalum album)* Aus dem Kernholz dieses tropischen Baumes wird ein sehr teures aromatisches Öl hergestellt, das verbreitet als Räuchermittel und in Parfums Verwendung findet.

Sarsaparilla *(Smilax officinalis)* Eine Pflanze aus der Neuen Welt, die in der Medizin der Ureinwohner verwendet wird. Die Wurzel wird heute weltweit als Tonikum verwendet.
Sassafras *(Sassafras albidum)* Gilt als die erste Heilpflanze, die aus der Neuen Welt nach Europa gebracht wurde.
Satyrion Das berühmteste Aphrodisiakum des klassischen Europas. Heute ausgestorben, war es vermutlich eine Orchideenart.
Schafgarbe, gemeine *(Achillea millefolium)* Eine in den USA und Europa heimische Wildblume. Wird wegen ihrer medizinischen und weissagerischen Funktionen hoch gepriesen.
Shiraz Eine Traubenart, aus der ein voller, würziger Rotwein gleichen Namens hergestellt wird.
Stiefmütterchen *(Viola tricolor)*, eigentlich Flohknöterich. Wird als Liebeszauber verwendet.
Tabak *(Nicotiana tabacum)* Viele Arten dieser Pflanzengattung haben schöne Blüten.
Traubenhyazinthe *(Centaurea cyanus/montana)* Zwei verschiedene, sich aber ähnelnde europäische Wildblumen, die beide als Liebeszauber verwendet werden.
Schlüsselblume, duftende *(Primula veris)* Eine europäische Wildblume, die der Primel ähnlich ist.
Veilchen *(Viola odorata)* Eine grazile, süß duftende europäische Frühlingsblume. Wird als Liebeszauber verwendet.
Weihrauch *(Boswellia sacra)* Ein aromatisches Harz, das von einem kleinen in Arabien heimischen Baum in birnenförmigen Tropfen ausgeschieden wird.
Weihwasser Reinigungswasser, das von den Druiden zeremoniell verwendet wurde.
Weizenkeimöl Ein gehaltvolles aus Weizenkeimen gewonnenes Öl. Wegen seines hohen Gehalts an Vitamin E wird es als Gegenmittel bei Vergiftungen verwendet.
Wermut *(Artemisia absinthium)* Aromatisches und sehr bitteres Heilkraut, der Hauptbestandteil des Absinth.

Yin Yang Huo *(Epimedium sagittatum)* Ein starkes pflanzliches Aphrodisiakum aus China.
Ylang-Ylang *(Cananga odorata)* Aus den Blüten dieses tropischen Baumes wird ein ätherisches Öl gewonnen, das häufig in Parfums verwendet wird.
Yohimbebaum *(Pausinystalia yohimbe,* auch *Cornynanthe yohimbe)* Aus der Rinde dieses immergrünen westafrikanischen Baumes wird ein Aphrodisiakum gewonnen.
Yohimbin Eine aus dem Yohimbebaum (siehe oben) gewonnene Droge mit nachgewiesener Wirkung als Aphrodisiakum. Wird kommerziell vertrieben.
Ysop *(Hyssopus officinalis)* Ein klassisches medizinisches Kraut, auch ein Bestandteil von Absinth und Chartreuse.
Zibetkatze Katzenart, die eine moschusartige Substanz produziert, die Bestandteil vieler Parfums ist.
Zitronellgras *(Cymbopogon citratus)* Auch Seregras, ein bitteres aromatisches Kraut, das in der thailändische Küche und im Westen für Aromatees verwendet wird.
Zitronenmelisse *(Melissa officinalis)* Ein medizinisches Kraut. Hilfreich zur Beruhigung hyperaktiver Kinder.
Zitronensäure Eine natürliche Säure aus Zitrusfrüchten. Wird in Pulverform verkauft.
Zwergpalme *(Sabal serrulata)* Ein kleiner Palmenbaum, der an der südlichen Atlantikküste der USA zu finden ist. Die Beeren werden als Prostatatonikum verwendet.

REGISTER

Literaturnachweis

Erich Fried, Shakespeare, 27 Stücke von Willima Shakesspeare in der Übersetzung von Erich Fried. Band I. Berlin: Klaus Wagenbach, 1989.

Danksagung

Quarto möchte sich bei Jasmin von BMA dafür bedanken, dass sie für viele Fotos als Modell mitgewirkt hat. Dank auch an Heathpack Ltd. (Großbritannien) für die freundliche Überlassung von Gegenständen für die Fotoarbeiten.